GW01605775

Aprobamos y autorizamos la publicación

P. Ricardo Sada, L.C., Director territorial de México de los Legionarios de Cristo.

P. Benjamín Clariond, L.C., Doctor en teología de los Legionarios de Cristo.

México, 13 de febrero de 2019

Primera edición, 2019

Av. Universidad No. 11, Lomas Anahuac

Huixquilucan Edo. De México. México C.P. 52760

Diseño de portada: GARCÍA CHELINA

Autor: GODÍNEZ GÁLVEZ GUSTAVO ABRAHAM

Fotografías de las páginas 22 y 73 tomadas de Pexels.com.

Fotografías de las páginas 21, 74, 108 y 140 tomadas de Freepik.com.

Fotografía de la página 46 cortesía de Diego Enrique Porras Godínez.

ISBN: 9786079837235

Sello: Independently published

Impreso en México.

Gustavo Godínez, LC

HACER EL AMOR CON AMOR

UNA VISIÓN INTEGRAL
DE LA RELACIÓN SEXUAL

DIÓCESIS DE QUERÉTARO

Prot. No. 35/2019

Licencia y Aprobación para la publicación de la Obra:
Hacer el amor con amor

Valorada la instancia presentada por el Director Territorial en México, de la Congregación de los Legionarios de Cristo, con fecha del 13 de febrero de 2019, en la que se ha pedido el *imprimatur* para la publicación de la Obra del H. Gustavo Godínez, LC., *Hacer el amor con amor*,

A norma de los cann. 822-832

Se concede el *imprimatur* para la obra: *Hacer el amor con amor*, del H. Gustavo Godínez, LC., conforme a las siguientes condiciones:

1. La Aprobación se entiende exclusivamente para el texto, así como ha sido presentado en la petición, excluyendo, por tanto, cualquier agregado o variación del texto posterior.
2. Atender a la disposición del canon 827 §1.

En la sede Episcopal de Santiago de Querétaro, Qro., a los 04 días del mes de marzo del año 2019.

FAUSTINO ARMENDARIZ JIMENEZ · EPISCOPUS QUERETARENSIS

+ Faustino Armendáriz Jiménez
Obispo de Querétaro

Pbro. Dr. Jorge Hernández Nieto
Canciller

DIOECESIS QUERETARENSIS · CANCELLARIA

Apartado Postal 49, Reforma 48, Col. Centro 76000 Santiago de Querétaro, Qro., México Tels. (442) 224-0738, 212-1033, 212-1845 cancilleria@diocesisqueretaro.org

Si tienes dudas que no has logrado resolver o no te han convencido las respuestas que te dan, te invito a leer este libro, pues Gustavo te guiará a resolverlas de una manera amigable pero fundamentada. Lleno de ejemplos claros y testimonios reales, este libro nos invita a vivir el amor tal como Dios lo planeó para cada uno de nosotros. Este libro es una de las mejores herramientas que se me ha dado en toda mi vida y estoy segura de que regresaré a él muchas veces.

Katia Hernández

Directora Internacional de Soñar Despierto

¡Qué maravilla de obra! En su libro, Gustavo nos cuenta a los jóvenes, con "peras y manzanas", el gozo que tiene poder transmitir el amor de manera correcta, con toda nuestra persona y siendo un reflejo del amor perfecto de Dios. Este libro nos acompaña a descubrir que Dios sí nos regaló todo el paquete para hacer el amor con Amor y disfrutarlo. Te invito a que tú, como yo, disfrutes de este libro que te ayudará a conocer, prepararte o ajustar aspectos de tu vida que te llenarán de alegría y que quizá ahora o en un futuro disfrutarás con tu pareja.

Alejandro Tejeda

Socio fundador de la empresa Bitcon Solutions

y conductor del programa Zona Líder en Valora Radio

A mis papás,
modelos de entrega
y donación constante.
Sin ellos yo no estaría aquí.
Gracias por su ejemplo de fidelidad.

A mis hermanas,
a quienes admiro
y de las que he aprendido tanto.

A mis amigos,
por quienes no solo escribo este libro,
sino también por quienes ofrezco mi consagración.
Ellos fueron la inspiración de este trabajo
y estuvieron presentes en cada página...
Sólo Dios sabe cuánto les estoy agradecido
a cada uno por tantas experiencias
que fueron formando mi corazón.

A mis hermanos legionarios,
a los consagrados, consagradas y miembros laicos
del Regnum Christi. Es un honor luchar,
hombro a hombro, con ustedes esta batalla
de amor para conquistar los corazones para Cristo.

ÍNDICE

PRESENTACIÓN **13**

INTRODUCCIÓN. ¿Por qué hablar de sexo? **15**

PARTE I. El fundamento de la relación sexual **21**

CAPÍTULO I
¿Qué o quién es el hombre?
La persona y su estructura **22**
¿Quién soy? – La persona humana **23**
¿Por qué soy especial? – Dignidad del hombre **40**

CAPÍTULO II
¿Impulso o instinto?
El impulso y la relación sexual **46**
¿Esclavo del impulso? –
Visiones reduccionistas del impulso sexual **47**
¿De qué deseo es este deseo? –
El impulso sexual y la norma personalista **58**

PARTE II. La belleza de la relación sexual **73**

CAPÍTULO III

Amo tu persona, no solo tu cuerpo
Castidad, pudor y continencia: tres virtudes para vivir la relación sexual en plenitud **74**
Si no puedes decir "no", tu "sí" no significa nada – La virtud de la castidad **75**
¿Me quieres a mí o a mi cuerpo? – El pudor y su rol en la relación sexual **89**
¿Se puede realmente vivir sin sexo? – La virtud de la continencia **96**

CAPÍTULO IV

Si me prometes todo, ¡dámelo todo!
Aspectos constitutivos de la relación sexual **108**
¿Quién o qué determina lo que es bueno y lo que es malo? – Moralidad y finalidad **109**
¿Cuál es el fin del acto sexual? – Finalidad de la relación sexual **116**
¿Se vale gozar en la relación sexual? – Aspecto unitivo **120**
¿Y los hijos? – Aspecto procreativo **127**

CAPÍTULO V

Si me amas de verdad, ¡demuéstramelo!
Características necesarias para que cada acto sexual sea pleno **140**
Una historia real **141**
Nadie puede dar libremente lo que no posee– Acto libre **146**
¡Soy todo tuyo! – Acto total **150**

¡Soy solo tuyo! – Acto fiel y exclusivo **153**
No quiero usarte, ¡quiero amarte! – Acto fecundo **157**
Otra historia real **160**

EPÍLOGO **165**

AGRADECIMIENTOS **167**

REFERENCIAS **169**

BIBLIOGRAFÍA **175**

PRESENTACIÓN

El sexo tiene una mala reputación. No es difícil entenderlo, una larga sombra cubre la historia de Occidente a partir de la llegada del cristianismo: el sexo es malo. Ni siquiera la santidad del sacramento del matrimonio ha logrado esclarecer la sombra y borrar la impureza. La relación sexual de los cónyuges era *immunditia, mácula, turpitudo*. ¡Ufff! Paralelamente a la liberación sexual, la hostilidad contra el sexo continúa en amplios sectores del cristianismo. Paradógicamente es el cristianismo, entre las religiones, la que tiene como gozne la corporeidad humana (*caro cardo salutis*, la carne es el gozne de la salvación, decía Tertuliano), y la sexualidad existe porque tenemos un cuerpo. Ya decía Ortega y Gasset en 1924, que «el catolicismo tira del cuerpo y del planeta todo hacia arriba». El cristianismo es una religión del cuerpo, de la exaltación de la carne. Con la Encarnación, los cristianos profesamos que Dios tiene cuerpo y que Jesús, segunda persona de la Trinidad, tiene una identidad sexuada.

El cuerpo, y por ende el sexo, no es algo que tenemos, sino que somos. Somos espíritus encarnados, y esta encarnación es tan sexual que la vida humana inicia mediante un acto de amor sexual conyugal. En su designio creador Dios quiso que los hombres colaboraran con Él mediante la procreación; dispuso que ese acto fuera placentero, bueno y santo. San Pablo se lo recuerda a los fieles de Corinto: «No os neguéis el uno al otro, a no ser por algún tiempo de mutuo consentimiento, para ocuparos sosegadamente en la oración; y volved a juntaros en uno, para que no os tiente Satanás a causa de vuestra incontinencia» (1 Cor 7, 4-5).

¿De dónde surgió, entonces esa larga sombra que oscurece la luz del cristianismo? Sin duda que una errónea antropología cristiana ha ensombrecido la luz. El libro de Gustavo tiene el mérito de ir más allá de las apariencias y ahondar en las raíces antropológicas del amor conyugal. El cuerpo en el cristianismo es, al mismo tiempo, luz y tiniebla, exaltación y caída. No vivimos ya la armonía del paraíso antes de la caída y no conocemos aún la gloria del mundo resucitado. Sin embargo, el amor que Dios ha puesto en nosotros es, en este mundo, signo de esa armonía pasada y presagio de la gloria futura. Si Dios es Amor, y nosotros somos su imagen, también nosotros somos amor. Un amor hecho carne. ¡Haz el amor con amor!

Ramón Lucas Lucas

Catedrático Filosofía del hombre

¿Por qué hablar de sexo?
Introducción

A los jóvenes nos envuelven las preguntas. Y cuando son de este tema, aún más. ¿Por qué no puedo tener relaciones sexuales con mi novia si nos "amamos"? ¿Por qué tengo que esperar hasta el matrimonio? ¿Por qué, aún casados, existen "tantas" normas que privan a la pareja de "libertad" en su sexualidad? ¿Por qué debo someterme a minuciosas reglas si es algo tan natural al hombre? ¿Por qué?... ¡Y la mayor de todas! ¿Por qué nadie me puede responder satisfactoriamente estas dudas?

¡Parecía que hablar de sexualidad no era hablar de amor, sino del peor peligro que podía tocar a la puerta de mi vida joven!

Yo también me pregunté esto durante algunos años de mi juventud y tal vez, al igual que tú, recibí respuestas insuficientes de parte de "autoridades morales" a mis inquietudes sobre el amor y la sexualidad. Las soluciones eran siempre las mismas: "¡Porque es pecado!", "¡porque Dios lo prohíbe!", "¡porque deshonrarías a tu familia!", "porque está mal y... no se discute", etc. Aquellos de los que esperaba respuestas solo me defraudaban, si es que por lo menos llegaban a escucharme y entenderme. Familiares, profesores y sacerdotes eran expertos en decirme todo lo que no tenía que hacer y estoy casi seguro de que la mayoría de ellos ni siquiera sabía el porqué. Pero sobre lo que debía hacer, los pasos a seguir, el verdadero valor y sentido del sexo, nadie me lo explicaba.

Sentía que el sexo, además de ser un acto placentero, tenía que ser algo más, algo bueno, algo maravilloso. Pero cuando preguntaba, nadie me sabía explicar. Me citaban malos ejemplos, me advertían de los riesgos una sexualidad mal vivida, me daban mandatos sin explicación, leyes casi asfixiantes, discursos y sermones repetitivos que nada decían a mi realidad. ¡Parecía que hablar de sexualidad no era hablar de amor, sino del peor peligro que podía tocar a la puerta de mi vida joven! Me daban la impresión de que la moral sexual era una serie de normas que protegían a los jóvenes de algún terrible mal: la relación sexual. ¡Pero no era así!

Entonces, ¿cuál era la verdad sobre la sexualidad? ¿Quién tenía razón? ¿Existían verdaderamente reglas objetivas que debía seguir, o podía cada quien hacer lo que quisiera? ¿El sexo era algo bueno o era tan malo como querían hacerme creer otros?

Muchos jóvenes en los años 60 tenían también las mismas preguntas y salieron en busca de respuestas. Las respuestas que recibieron eran las mismas: ¡No hagas! ¡No toques! ¡No veas! ¡No pienses! ¡No! ¡No! Terminaron por creer que quizá eran los principios los que estaban mal y que las "autoridades morales", sobre todo la Iglesia católica, buscaban hacer miserable su propia existencia con una serie de normas "imposibles de cumplir" privándolos de aquello que era tan natural.

Fue así como se dio origen a la famosa revolución sexual que prometía a los jóvenes la liberación absoluta de cualquier atadura moral que les impidiera desarrollarse y vivir con "libertad" su sexualidad. Esto era toda una novedad que parecía librarlos de un peso insoportable que otros habían cargado sobre sus hombros. Llegaba por fin la "libertad sexual". Los jóvenes buscaban desesperados liberarse de la represión impuesta por la "moral autoritaria" en materia sexual. ¡Había llegado el momento de una nueva forma de afrontar la sexualidad! Era la hora de la expresión por la "libertad". ¡Ya no más tabús, ni tapujos, ni misterios! Ahora la sexualidad se paseaba por las calles y se lucía y presumía sin temor. ¡Al fin veía la luz!

Así fue como se pasó del legalismo al libertinaje en el campo sexual. Finalmente había llegado el momento de liberarse de toda ley, cosa que, además de encantarle al joven, le hacía sentir "maduro", "valioso", "único". Aquel libertinaje daba voz a sus deseos carnales. Pero no todo podía ser así de bonito. ¿En qué terminó todo aquello? ¿Dónde quedaron esos "frutos" preciosos obtenidos por tan valientes revolucionarios? ¿Por qué después de medio siglo seguimos sin satisfacer nuestras inquietudes en el campo sexual?

Siendo sinceros, las consecuencias de la revolución sexual no fueron del todo positivas como a veces se presentan. Los principales damnificados fueron los jóvenes, esos mismos revolucionarios que habían batido la bandera de la libertad sexual, degollado el legalismo y construido las barricadas en contra del puritanismo irracional. Y no solo ellos salieron heridos, también las futuras generaciones de jóvenes, entre los que tú y yo estamos claramente incluidos.

Consecuencias como el rechazo y la crítica de la familia tradicional, los anticonceptivos, el aborto, la pérdida del pudor y la banalización de la relación sexual, principalmente en la producción y consumo de la pornografía, eran solo una pequeña parte de lo conseguido en aquellos años. ¡Qué contradicción! Aquello que prometía libertad sin límites y felicidad absoluta, no causó más que una gran esclavitud emocional y grandes desilusiones. Incluso hizo creer que el amor no existía y que nadie es capaz de amar para siempre. Vacío, tristeza, inquietud, en algunos casos asco y repugnancia fueron el más amargo fruto que ha llegado hasta nuestros días de aquella equivocada búsqueda del placer por el placer.

¡Qué contradicción! Aquello que prometía libertad sin límites y felicidad absoluta, no causó más que una gran esclavitud emocional y grandes desilusiones.

Hoy la postura más común frente a la sexualidad es la del relativismo. La vida sexual se presenta como un campo en el cual no existe ya ni el bien ni el mal; no existe ni autoridad, ni ley, ni valor. Esto es fruto de que ninguna de las dos posturas, ni el puritanismo religioso ni el libertinaje absoluto, logró satisfacer las necesidades humanas, no solo aquellas del cuerpo, sino también esas que se sacuden en lo más interno de nosotros mismos.

Muchas veces los jóvenes nos alejamos de la Iglesia católica por un mal entendimiento o un desconocimiento total o parcial de los principios morales que rigen la relación conyugal. Etiquetamos a la Iglesia de retrógrada y autoritaria, yo mismo lo hice muchos años. ¡Pero en esto me equivocaba una vez más, en ella encontré la verdad que tanto anhelaba mi corazón!

Fue al final de mi primer año de vida universitaria, cargado de un profundo deseo de encontrar de una vez por todas respuestas a mis inquietudes, no solo intelectuales, sino sobre todo existenciales, cuando me topé con "Amor y Responsabilidad", un libro de Karol Wojtyla, quien años más tarde llegó a ser el Papa Juan Pablo II. En él se presentaba una visión de la sexualidad hasta entonces desconocida para mí. Era una aproximación integral de la sexualidad que ponía al centro de todo el deseo más profundo del corazón humano: amar y ser amado. En ese momento mi vida dio un giro de 180 grados y me embarqué en una nueva aventura que me llevaría hasta consagrar mi vida al Amor por el amor.

Estas páginas son el resultado de algunas experiencias de mi vida y la satisfacción de una inquietud personal de dar respuesta a uno de los interrogantes que se presenta con más frecuencia a la moral católica: sobre la sexualidad humana y, específicamente, sobre el valor de la relación sexual. Quiero iluminar los aspectos más sobresalientes de esta. En especial, deseo ofrecer elementos que te ayuden a contemplar el acto sexual en su integridad y demostrar por qué las relaciones sexuales que no respetan nuestra dignidad como personas, no satisfacen nuestras necesidades más profundas y, lejos de darnos la felicidad que nos prometen, nos sumergen en una auténtica crisis de sentido e identidad.

Tú no te mereces nada menos que ser amado.

A ti, querido lector, te deseo de todo corazón que en estas páginas logres encontrar respuestas a tus interrogantes sobre el amor. Admito que toda respuesta, en el campo del amor, puede ser siempre limitada pues nuestro amor es un amor limitado, pero si este libro te ayuda a recuperar la esperanza en que existe el amor verdadero y que tú no te mereces nada menos que ser amado, quedaré felizmente satisfecho de haber sido parte de tu camino hacia el Amor.

PARTE I

EL FUNDAMENTO DE LA RELACIÓN SEXUAL

CAPÍTULO I

¿Qué o quién es el hombre?

La persona y su estructura

"El mundo está lleno de maravillas,
pero nada es tan maravilloso como el propio hombre".
Sófocles

"El gobierno más difícil es el de uno mismo".
Séneca

"Las cosas tienen un precio y estas pueden estar a la venta,
pero la gente tiene dignidad, la cual es invaluable
y vale mucho más que las cosas".
Papa Francisco

I
¿Quién soy?
La persona humana

¡Qué pregunta! También hoy nos seguimos preguntando: ¿Quién es el hombre? ¿Quién soy yo? Cuando alguien te pregunta casualmente, "¿quién eres?", la respuesta parece obvia, ¿no? Surge casi instantánea: "Soy Rafa", "soy Katia", "soy Emanuel". Dar nuestro nombre es la respuesta más común, después de todo nos identifica. Pero si vamos más a fondo descubrimos que, si bien es una solución no del todo superficial, parece no satisfacernos plenamente. No basta con conocer nuestro nombre para saber quiénes somos.

Cuando nos preguntamos por el hombre, es decir, por nosotros mismos, lo hacemos en términos de "quién", y no "qué". Decimos: ¿Quién soy? ¿Quién es el hombre? Piensa en los niños cuando están creciendo y empiezan a conocer, preguntan por todo lo que se les pone delante. ¡Son desesperantes! Si el niño ve un coche, un perro, un iPad, pregunta: "mamá, ¿qué es eso?". Pero cuando el niño se encuentra con otro niño no pregunta "¿qué es eso?", sino "¿quién es él?".

No basta con conocer nuestro nombre para saber quiénes somos.

Este cambio del "qué" por el "quién" manifiesta ya una diferencia esencial entre nuestro ser y el ser de las cosas. Cuando preguntamos ¿qué es...? Nos referimos a una cosa, un instrumento, un animal, una ciencia, una profesión. Mientras que el "quién" hace referencia justamente a nosotros, a personas. Es importante plantearnos bien la pregunta sobre el hombre, porque una pregunta mal formulada proporciona respuestas equivocadas. Un pequeño error al inicio se convierte en uno grande al final.

Ante la cuestión de quién es el hombre, las ciencias de cada época han querido dar su aporte al tema. Así han salido respuestas de todos los tamaños, colores y sabores: desde la biología que dice que "el hombre es un ser vivo, vertebrado, de la especie *Homo sapiens* y que como el resto de los seres vivos nace, crece, se reproduce y muere"; pasando por la lógica que dice que "el hombre es un animal (género) racional (especie); llegando a la sociología que define al ser humano como un "animal social o político". ¡Hasta los teólogos han dado su aportación! Diciendo que "el hombre es un ser creado a imagen y semejanza de Dios". Todas estas definiciones son buenas y válidas, pero manifiestan únicamente algunas facetas de nuestra realidad humana. Claramente somos todo esto, pero también más, mucho más.

Ahora veremos algunas respuestas que se han dado a lo largo de la historia a esta pregunta sobre el hombre. Luego profundizaremos en la definición que será la base para este recorrido, veremos algún detalle más de la estructura que nos funda, las dimensiones que nos manifiestan y el valor que todo ello nos otorga. Pero no te olvides que esta breve exposición te enriquecerá personalmente y te servirá como fundamento para entender después la dignidad del acto sexual.

¿De qué estoy hecho?

Estructura del hombre

¿Quién es el hombre? Esta es una de las preguntas que más ha hecho pensar a científicos, filósofos, teólogos, sociólogos y gente de cualquier profesión a lo largo de la historia. Con relación a esto, ya los griegos usaban como lema de inspiración para su vida la famosa frase "¡conócete a ti mismo!", es decir, ¡descubre quién eres! Responder esta pregunta no ha sido tarea fácil desde aquellos tiempos inmemoriales.

Fueron los griegos quienes iniciaron la filosofía. Uno de los temas principales era justamente saber las causas últimas, los motivos profundos de toda la realidad. Entre ellas, obviamente se encontraba el ser humano. Ellos fueron los pioneros en plantearse la cuestión y en dar respuestas que solucionaran tan sublime interrogante. Algunas de las definiciones ya mencionadas, como "animal racional" o "animal político", fueron elaboradas por el pensamiento de Sócrates, Platón y Aristóteles. Estos grandes pensadores, junto con otros muchos, donaron a la historia las bases para continuar desarrollando el tema con profundidad y verdad.

En primer lugar, reconocieron que todo hombre es una persona. La palabra "persona" etimológicamente proviene del griego "prósopon" ***(πρόσωπον)*** que significa "delante de la cara" o "máscara". Ello hacía referencia a la representación de un personaje en las obras de teatro griegas, donde la "máscara" o "persona" manifestaba todo el ser del personaje que se quería representar, como Hércules, Antígona, Edipo, etc. Piensa por ejemplo en una fiesta de disfraces hoy en día, cada uno de los invitados lleva una máscara que representa un personaje concreto. Desde el momento en que te pones la máscara muestras una riqueza que va más allá de tu estar presente en la fiesta, o sea, no solamente estás tú Jaime, Paola o Francisco, estás tú como Drácula, Úrsula o Supermán. La "máscara" o la "persona" manifiesta una riqueza única, una nueva dimensión de mi realidad, un horizonte más amplio. "Persona" dice mucho más sobre mí que "hombre".

"Persona" dice mucho más sobre mí que "hombre".

Más tarde, los filósofos medievales, siguiendo los pasos de los griegos y a partir de los aportes de estos, dedicaron gran parte de su energía y su tiempo a la búsqueda de la naturaleza de las cosas, del hombre y de Dios. Motivados especialmente por el hecho de que la segunda persona de la Trinidad, Jesucristo, bajó del cielo y se hizo hombre, se sumergieron en la reflexión profunda de lo que significa ser persona. Cada uno de nosotros es "persona humana" en referencia a aquella "persona divina" que bajó del cielo. Estudiando al hombre a luz de la "persona" de Cristo, elaboraron una definición más completa del hombre, al menos al nivel estructural. Un tal Boecio fue el primero en formular esta definición que durante siglos perduró como la oficial: la persona es una sustancia individual de naturaleza racional. Suena con una definición muy complicada, pero en realidad no lo es y, además, nos ayudará como cimiento para explicar después la relación sexual como un acto de toda la persona. Veamos palabra por palabra para entender lo que quiere decir:

Sustancia: Quiere decir que eres un ser dotado de una existencia propia. Eres una realidad completa que no depende de otro para existir. Con esto no negamos que la existencia la hemos recibido de nuestros padres, esto sería irracional. Lo que quiere decir "sustancia" es que tu persona funciona, se desarrolla y se capacita independientemente de los demás. Hay dentro de ti una fuerza que te hace crecer por ti mismo, no es que si tus padres te abandonan dejarás de crecer, de desarrollarte o existir. Eres un ser completo.

Individual: Eres único e irrepetible. No existen ni pueden existir dos como tú. No es vanidad ni soberbia, es así. Eres distinto de todo tipo de realidad existente y diferente de todo ser humano, por eso eres especial. No existe "Un Hom-

Eres único e irrepetible. No existen ni pueden existir dos como tú.

bre", existe Alejandro, Fernanda, Diego... personas concretas e individuales.

Naturaleza: Es aquello que le es propio a una especie. Por ejemplo, es propio de la naturaleza del perro ladrar. Porque ladra sabemos que es un perro y no un gato. En la naturaleza del hombre se fundamentan todas las acciones que él puede llevar a cabo. Es como tu estuche de herramientas de las cuales dispones para ponerlas en acción. Puedes usar todas las que quieras, pero solo aquellas que están en tu estuche. Por ejemplo, no está entre las herramientas de la naturaleza del hombre volar. En nuestra naturaleza tenemos muchas herramientas: sentimientos, emociones, cualidades personales, habilidades deportivas, artísticas y muchas más. De todas estas, hay dos herramientas que ningún otro ser tiene en su estuche y que te hacen más especial que cualquier otra criatura: el intelecto y la voluntad.

Eres diverso de todo tipo de realidad existente y diferente de todo ser humano, por eso eres especial.

Racional: Por tu racionalidad eres capaz de conocer toda la realidad, lo material y lo espiritual. Por ejemplo, conoces la casa, el árbol, el coche; y también conoces el amor, la justicia, la amistad. Usas conceptos para tu razonamiento y tanto los conceptos como los razonamientos son inmateriales, es decir, espirituales. Tu racionalidad te permite saber "qué son las cosas" y no solo "cómo son". Si no crees que eres capaz de formar conceptos espirituales y no solo describir las cosas, te pongo un reto: junta a algunos amigos y diles a todos que piensen en una mesa, luego pídeles que la dibujen y verás que cada uno dibuja una distinta: unas serán más cortas, otras más largas, unas redondas, otras cuadradas, etc. ¿Por qué, si todos saben lo que es una mesa, dibujan mesas diferentes? La respuesta es que el concepto de mesa, el "qué es", no incluye la materia, el "cómo es". Por eso al dibujar la mesa todos tomaron el concepto y le pusieron la materialidad que cada uno quiso. Por nuestra racionalidad, podemos espiritualizar realidades materiales.

Actuar en contra de tu racionalidad es degradarte a niveles inferiores que no te llevan a la plenitud.

Pero racionalidad no solo quiere decir pensar, contar, resolver algoritmos, solucionar problemas de álgebra, escribir poemas, componer canciones o construir edificios. La racionalidad es el modo de ser específico del hombre. Ninguna cosa, animal o robot en el mundo podrá jamás ser racional como tú. Ser persona humana y ser racional es totalmente equivalente. Actuar en contra de tu racionalidad es degradarte a niveles inferiores que no te llevan a la plenitud. Es como el águila que se cree gallina y jamás levanta el vuelo. Está rebajando su dignidad. ¡Estás llamado a ser águila, no gallina de corral!

Como ves, los filósofos clásicos y medievales nos dejaron una herencia muy rica sobre el conocimiento del hombre. Gracias a ellos sabemos que: el hombre es una persona, una realidad completa en sí misma, única e irrepetible, compuesta por alma y cuerpo, dotada de una inteligencia que le permite conocer toda la realidad y una voluntad que lo impulsa al bien.

Una de las mayores complicaciones para responder con verdad y coherencia "¿quién es el hombre?", se presentó desde el siglo XVI en lo que se llama históricamente la época moderna.

René Descartes, un filósofo francés del siglo XVII, definió al hombre como una cosa pensante y una cosa material, en latín, como *res cogitans* y *res extensa*. Así pasamos de ser una única realidad, a dos totalmente contrarias, pero unidas entre sí. Este fue el punto de partida de las definiciones dadas por filósofos posteriores, siempre dividiendo al hombre sin contemplarlo en su totalidad.

A partir de esta división dualista del hombre, los filósofos idealistas, quienes proponían que la realidad se fundaba en las ideas, hicieron a un lado el valor de la corporeidad para centrarse más bien en la espiritualidad del hombre. El cuerpo no tenía ninguna importancia; el intelecto lo era todo. Contra los idealistas surgieron los materialistas-empiristas, quienes menospreciaron el valor de la espiritualidad del hombre y se fijaron solo en su capacidad cognoscitiva-sensitiva; afirmaron que el hombre solo podía conocer con certeza las realidades materiales, porque las puede ver, tocar, sentir, oler, pesar y medir. Lo inmaterial, en cambio, no se puede conocer con certeza. Para ellos el cuerpo –la materia– era lo más importante del hombre.

Así fue como se generó una ruptura de la persona que acabó en un dualismo. Dejamos de ser una sola cosa para ser solo espíritu o solo cuerpo. Esta fue la respuesta de los filósofos modernos a la pregunta sobre el hombre.

Después, los filósofos contemporáneos, haciendo un análisis profundo sobre la persona a partir de la experiencia interior y subjetiva, se dieron cuenta de que ese dualismo no explicaba la profunda riqueza del hombre. Éste era una sola realidad, una única sustancia. Se comenzó a redescubrir su valor en su constitución fundamental, «en su existencia concreta como un espíritu en el mundo»[1].

Hoy, después de tantas aportaciones, sigue habiendo confusión y reduccionismos sobre el hombre. Hay quienes dicen y tratan de demostrar científicamente que somos solo una suma de elementos químicos, sin alma, sin espíritu. Pero hay otros que dicen que lo único importante es salvar el alma, llegando a despreciar el cuerpo. Para resolver esta dificultad te propongo una definición muy sencilla, que abarca toda la riqueza del hombre y que te puede servir como síntesis de todos los aspectos positivos que hemos visto en el recorrido histórico: el hombre es un espíritu encarnado[2]. De cara al tema de la sexualidad es importante hacer algunas aportaciones antropológicas adicionales que te enriquecerán y te ayudarán a entenderla mejor.

Partamos de la realidad de que cada uno de nosotros es una unidad sustancial compuesta por un alma espiritual (llamada también forma sustancial) y un cuerpo (que es la parte material). A diferencia de Descartes, que consideraba estas dos realidades como cosas separadas, nosotros sostenemos que son principios que constituyen, no dos cosas contrarias, sino una unidad perfecta y maravillosa: el ser humano. Para nosotros no existe división, sino distinción; no dualismo (dos sustancias distintas unidas entre sí), sino dualidad (dos principios en una única sustancia).

Somos una sola sustancia compuesta de alma y cuerpo: dos principios realmente distintos que constituyen una única realidad, la esencia del hombre. Somos como un *caffellatte*, una única bebida compuesta por dos elementos: la leche y el café. Tanto el cuerpo (la materia, la carne) como el alma (el espíritu) son fundamentales en nuestra existencia. Tu cuerpo es una parte constitutiva, no un anexo. Es gracias a tu cuerpo que puedes ser reconocido como un individuo concreto. El cuerpo es el principio de individuación de la persona[3]. Por eso, cuando escuchamos el nombre de alguien, al tratar de recordarlo, lo primero que se nos viene a la mente es su rostro o los rasgos de su cuerpo.

Igual de importante que tu cuerpo es tu alma espiritual. Gracias a ella no solo eres capaz de experimentar sensaciones externas como los animales, sino que también te permite interiorizar, reflexionar sobre tus acciones, emocionarte, desear, recordar, tomar decisiones libres, sentir alegría, miedo, angustia, compasión, ternura... y en última instancia, te hace capaz de amar.

No somos solo espíritu ni solo materia, somos un espíritu encarnado.

En resumen: Somos una unidad sustancial compuesta de materia y forma (cuerpo y alma), que juntos forman una sola naturaleza sobre la que se fundan las facultades que permiten nuestros actos. Somos personas. Pero recuerda que no somos solo espíritu ni solo materia, somos un espíritu encarnado; porque solo teniendo siempre presente esta dualidad constitutiva que nos identifica podremos analizar nuestras acciones de una manera adecuada.

¿Cómo me manifiesto a los demás?

Dimensiones del hombre

Las dimensiones son todas las formas o dinamismos por los que nos manifestamos como personas y entramos en relación con el mundo que nos rodea. Cada dimensión manifiesta todo nuestro ser, mas no lo agota. Piensa, por ejemplo, en las dimensiones de una casa: altura, anchura y profundidad. Cada una manifiesta un aspecto de toda la casa, pero no basta solo una para definirla. La anchura no me dice nada de la altura, ni la altura de la profundidad, sin embargo cada una me dice algo de toda la casa, así también cada dimensión del hombre me dice algo de todo el hombre, pero no lo agota.

Parece curioso que el hombre, aun siendo una realidad completa en sí mismo, una sustancia individual, nunca ha existido en total aislamiento de otros hombres. Relacionarnos con los demás es para nosotros algo esencial. Desde nuestra concepción, ya en el seno de nuestra madre, nos encontramos en relación. Relación que va generando una cierta dependencia del otro. Esta dependencia o relación no termina cuando crecemos y llegamos a ser adultos, sino que se transforma, se fortalece, se acrecienta y madura.

El mayor miedo del hombre está en el aislamiento, en quedarse solo. Estamos hechos para la comunión, no para la soledad.

Nos encontramos siempre en una relación con el mundo y con los demás. Esta relación manifiesta una nueva riqueza en el hombre que la simple estructura propuesta por Boecio no nos había enseñado. El mayor miedo del hombre está en el aislamiento, en quedarse solo. Estamos hechos para la comunión, no para la soledad. ¡Cuánto sufrimos cuando experimentamos la soledad!

Esta relación esencial del hombre con los demás se conoce como relacionalidad, o en palabras más sencillas, la relación yo-tú. Este es el terreno en el cual se manifiestan las dimensiones del hombre. Algunas de ellas son:

La corporeidad: El cuerpo es esencial porque manifiesta y revela tu persona, te pone en contacto con el mundo y muestra mucho de lo que eres. Es también expresión de tu individualidad: nadie más tiene un cuerpo como el tuyo. Toda manifestación interior del hombre se realiza por medio de su cuerpo. Por ejemplo, cuando sientes mucha vergüenza tu cara se sonroja, o cuando sientes miedo tu cuerpo tiembla. El cuerpo revela nuestra interioridad y la expresa a los demás. No tenemos un cuerpo, somos nuestro cuerpo.

El cuerpo revela nuestra interioridad y la expresa a los demás. No tenemos un cuerpo, somos nuestro cuerpo.

La interpersonalidad: Se refiere a la constante relación del hombre con los otros hombres, la relación yo-tú. No estás hecho para vivir solo, necesitas de los demás y ellos necesitan de ti. Piensa en las muchas relaciones que rodean tu día: padres, hermanos, amigos, novio o novia, esposo o esposa, Dios, etc. Estas relaciones aportan un elemento nuevo a tu persona, que solo esa relación te puede dar, por ejemplo: la filiación con relación a tus padres, la fraternidad con relación a tus hermanos, la amistad con relación a tus amigos, la esponsalidad con relación a tu esposo o esposa. La recta integración de cada una de estas relaciones enriquece profundamente tu persona, en cambio, la falta o la confusión de roles puede dañarte considerablemente. No puedes tratar con un amigo como si fuera tu novio, con un hermano como si fuera tu papá, ni mucho menos con tu esposo o esposa como si fuera solo un amigo o amiga. Cada relación tiene un contexto que garantiza el pleno desarrollo de mi persona en esta dimensión. Con la interpersonalidad nos jugamos no solo lo que somos, sino lo que queremos llegar a ser[4].

La historicidad: El hombre nace en un tiempo y espacio determinados, con una historia específica que lo enriquece y perfecciona. No serías como eres ahora si hubieras nacido en la época de las cavernas, en el Imperio romano o en el Siglo de Oro español. Tu historia se ha construido a partir del aquí y del ahora en el que naciste y en el que te has desarrollado. Pero tu historia no es solo la herencia del tiempo y el espacio en el que naces, sino que es también el desarrollo de tu propia vida, tu historia enriquece la historia. Vivimos y nos movemos en el tiempo. Hoy no soy el mismo de ayer. Cada día construyo mi futuro y ese construir es parte de esta dimensión. Tenemos que aprender a vivir y disfrutar cada etapa según su

Vivimos y nos movemos en el tiempo. Hoy no soy el mismo de ayer. Cada día construyo mi futuro.

contexto, mi madurez depende de la forma en que vivo el momento actual: un niño es maduro cuando juega como niño, pregunta, descubre y hace travesuras, no cuando se comporta como adulto; un joven es maduro cuando experimenta, arriesga, se compromete, se divierte, cuando disfruta de una buena fiesta en compañía de sus amigos, no cuando se comporta como un niño irresponsable o como un adulto de 40 años; un adulto es maduro cuando ha aprendido a tomar decisiones definitivas, a sacrificarse por un ideal, a trabajar y descansar según su estado y condición, no cuando sigue viviendo como un adolescente que solo busca diversión. No podemos pasar toda la vida siendo niños o adolescentes, ni tampoco querer vivir como ancianos cuando estamos en plena flor de la juventud. La plenitud de esta dimensión consiste en vivir cada etapa según su contexto propio y saber sobrellevar las crisis propias de cada transición[5].

La culturalidad: Hemos nacido y crecido en una determinada realidad cultural que nos condiciona en nuestra forma de desarrollarnos y de vivir: formas de vestir, de hablar, de comer y, en definitiva, de relacionarnos unos con otros. ¡Ojo! Dije “condiciona”, no “determina”, pues la cultura es el medio por el cual logramos formar y enriquecer nuestra persona, pero no nos determina al punto de privarnos de la libertad para romper con ciertas tradiciones o superarlas si fuera necesario, como se superó la esclavitud en Estados Unidos, como se logró la participación política y laboral para la mujer en muchos países donde estaba prohibido. Tenemos que aprender a acoger lo bueno que nuestra cultura nos ofrece, pues nos da una identidad. Asimismo, hemos de aprender a evolucionar en lo que puede mejorarse y enriquecernos con lo bueno que otras culturas nos ofrecen y la nuestra no tiene. Si nací en México y aprendí a hablar español y comer chile, no significa que no pueda aprender inglés y comer arroz chino con palillos. Los condicionamientos culturales nos indican el punto de partida y no la meta a alcanzar.

La sexualidad: Somos seres sexuados. Somos hombres o mujeres. A donde quiera que vayas, en todo lo que hagas y en las relaciones que construyas, lo haces como hombre o mujer. Tu sexualidad determina el modo específico de relacionarte, de actuar, de ser. En mi caso, pienso como hombre, juego, como, duermo, hablo, rezo como hombre. «La sexualidad está en todo el cuerpo y en toda el alma. La sexualidad está en la persona»6. Así como la sexualidad no se reduce a partes del cuerpo o solo a este, tampoco se puede reducir a ciertos actos concretos. La dimensión sexual toca, como las otras dimensiones, a toda nuestra persona. Debemos

Tu sexualidad determina el modo específico de relacionarte, de actuar, de ser.

distinguir entre sexuado y sexual. Todas nuestras relaciones con los demás y con el mundo son sexuadas porque nos relacionamos con todo y con todos como hombre o mujer, mas no todas son sexuales puesto que no implican la genitalidad. La relación sexual es solo una manifestación de nuestro ser sexuado, sin que agote toda la riqueza de la dimensión sexual y, como toda manifestación, se puede vivir en plenitud solo en el contexto adecuado. En los siguientes capítulos veremos cuál es ese contexto.

En resumen: Estas dimensiones manifiestan toda tu persona, pero no la agotan. Por ejemplo, ya sabes que no eres solo cuerpo, pero por medio de él manifiestas todo lo que eres, lo que piensas, lo que sientes. Elio Sgreccia, por ejemplo, hablando de la sexualidad dice: «La persona es más grande que su cuerpo y el cuerpo es más grande que el propio sexo, [...] aunque el sexo toca a la persona en su globalidad, no la agota en su plenitud»[7]. Lo mismo se puede decir de las demás dimensiones. No eres solo intersubjetividad, necesitado de los demás, sino que también subsistes por ti mismo, eres individual y los demás no pueden decidir quién eres o quién serás. Las dimensiones son las manifestaciones, pero no los principios constitutivos de tu persona.

II
¿Por qué soy especial?
Dignidad del hombre

Partamos de la vida cotidiana. En nuestro día a día nos topamos con una diversidad de cosas y circunstancias; nos encontramos con objetos, animales y personas. Lo normal es que a cada una de ellas le demos un trato distinto. Por ejemplo, un bolígrafo lo usamos para escribir y, cuando su tinta se acaba, buscamos otro. No pasa nada si lo metemos en un portaplumas o lo tiramos por la ventana. De alguna manera, el trato que le damos es indiferente, pues para lo único que sirve es para escribir; en caso de que ya no funcione para eso, lo desechamos y lo sustituimos por otro. Una cosa puede y debe tratarse como lo que es: una cosa. Algo distinto pasa cuando tenemos una mascota. A diferencia del bolígrafo, a la mascota la alimentamos, la cuidamos y seguramente existirá entre nosotros y ella un lazo afectivo más fuerte respecto al que sentíamos por el bolígrafo. Es decir, a grandes rasgos, es claro que le damos un trato diferente a todo lo que nos rodea.

Sin embargo, todo es muy distinto cuando tratamos con personas. Hay algo que nos dice que el trato que cada una merece no puede ser el mismo que el de un bolígrafo ni tampoco el de un animal. A las personas, de manera natural, les damos un trato muy distinto: le cedemos el paso, la escuchamos con respeto, lamentamos fuertemente la pérdida de un ser querido, no las golpeamos, las vendemos o compramos, etc. De hecho, una muestra de que a una persona le damos un trato especial es que si llegamos a tratarlo como un objeto o como un animal existe dentro de nosotros cierto remordimiento por ello. En cambio, cuando se le ha dado un trato que consideramos que le corresponde, lo hemos escuchado o lo hemos apoyado en momento difíciles, existe una gran satisfacción. ¿Por qué esta diferencia en el trato que le damos a las cosas y a los animales? ¿Por qué merecemos que se nos trate diferente? ¿Qué es lo que hace que seamos especiales? ¿Por qué tenemos un valor objetivo? En otras palabras, ¿en qué se fundamenta nuestra dignidad? La respuesta es: porque eres persona y por tanto eres individual, racional y espiritual.

Eres digno porque eres individual. ¿Te acuerdas cuando hablamos del tal Boecio y su definición de persona? En su definición decía que la persona es una "sustancia individual". Pues esta individualidad es un primer elemento constitutivo de nuestra dignidad. Ser individual significa ser único e irrepetible. Una manifestación natural de esta individualidad está, por ejemplo, en las horas que pasas preparándote antes

Tu individualidad no viene por lo que vistes, o por el maquillaje que usas, el bolso que llevas o el perfume que te pones... Tú ya eres hermosa porque eres única y especial, porque no hay otra persona como tú.

de una cita, o en el dinero que inviertes en maquillaje, ropa de marca y salones de belleza para sobresalir por encima de tus amigas y llevarte todas las miradas donde estés. Piensa también en tu frustración cuando al llegar a la fiesta encuentras que alguna de tus amigas trae puesto el mismo vestido que tú. Que te pongas bonita para una cita o una fiesta, que te arregles, que te preocupes por ser única está bien, ello manifiesta el deseo profundo de tu corazón de ser única, y por tanto, es una manifestación de tu individualidad. Pero, te tengo una excelente noticia: tu individualidad no viene por lo que vistes, o por el maquillaje que usas, el bolso que llevas o el perfume que te pones... Tú ya eres hermosa porque eres única y especial, porque no hay otra persona como tú. Podrán copiarte tus vestidos, tu maquillaje, tus muchos accesorios, pero a nadie se le puede comparar cuando lo usas o lo llevas tú. Realmente no tiene mucha importancia el que te compares con los demás según estándares de belleza, pues lo que cada uno tiene, por ser individual, es único e irrepetible. Tu dignidad no viene tampoco por pertenecer a una cierta clase social, por la cantidad de cosas que poseas, el dinero que lleves en la cartera, los títulos que hayas logrado, los miles de seguidores en las redes sociales o la fama que tengas. La dignidad viene de que eres tú y no otro.

> Tu dignidad no te la tienes que ganar, no la tienes que construir, ¡ya la tienes desde que empezaste a existir! ¡Muchos pueden tener lo que tienes, pero ninguno puede ser lo que eres!

La dignidad viene contigo desde el momento de tu concepción ya que nadie posee el mismo ADN que tú. Tu dignidad no te la tienes que ganar, no la tienes que construir, ¡ya la tienes desde que empezaste a existir! ¡Muchos pueden tener lo que tienes, pero ninguno puede ser lo que eres!

Un segundo elemento que manifiesta nuestra dignidad es nuestro ser racional. Ningún otro ser en el mundo creado es capaz de razonar, de conceptualizar, de argumentar y debatir. Sólo el hombre es inteligente, es decir, es capaz de ir dentro de las cosas, conocerlas en su interior, en sus causas, llenarlas de valor y ordenarlas de acuerdo a un fin. Nuestro lenguaje conceptual es la mejor manifestación de esta racionalidad superior a la de todas las demás criaturas. La capacidad de darle un nombre a las cosas, de articular sonidos organizados y llenarlos de significado, y más allá, transmitir con las palabras emociones, sentimientos y afectos, es solo facultad nuestra. Por ello es que no se nos puede comparar y tratar como objetos o animales. Somos más que ellos, somos la escala más alta entre los seres de este mundo. Nuestra racionalidad es la forma de ser de cada uno. Ser racional va más allá de los actos de pensar o razonar. La dignidad no se rebaja por la falta de coeficiente intelectual o por quedar en estado vegetativo por causa de algún accidente o enfermedad.

Somos más que ellos, somos la escala más alta entre los seres de este mundo. Nuestra racionalidad es la forma de ser de cada uno.

No se es más digno por tener mejores calificaciones en la universidad o un empleo mejor remunerado. Tanto el mejor empresario, como el mendigo que pide limosna para sobrevivir tienen la misma dignidad en cuanto que ambos son seres racionales, son personas.

Un tercer elemento que fundamenta nuestra dignidad y que va relacionado con la anterior, es nuestra espiritualidad. Somos seres espirituales. Esta capacidad nos permite conocer todo, incluso lo inmaterial, nos abre al absoluto, nos permite conocer a Dios. ¡Somos capaces de conocer y amar a Dios! Por tener un espíritu abierto a Dios, a lo trascendental, a lo absoluto, a lo inmaterial no se nos puede reducir a simples "cosas" o "animales". Dios quiso que, entre todas sus criaturas, solo el hombre pudiera conocerle, entrar en contacto directo con Él, y sobre todo, quiso concederle una vida eterna. Aunque muchos lo han dejado de creer hoy, somos seres inmortales por tener un alma espiritual. Si no creyéramos esto de que nuestra dignidad viene también por la inmortalidad que gozamos, entonces, ¿por qué cuando muere un ser querido no tratamos a su cuerpo igual que al bolígrafo que ya no sirve o como al cadáver de un animal más? ¿Acaso no lo tratamos con respeto, con veneración y nos duele que nos deje físicamente? Esta espiritualidad que nos permite vivir para siempre es un abismo que nos separa de los animales y que nos reviste de una dignidad única.

¡Somos capaces de conocer y amar a Dios!

Como vemos, la dignidad humana tiene un fundamento firme: el "ser personas". Esto nos puede ayudar a saber en qué se basa la dignidad humana. Precisamente en que no somos una cosa, no somos un animal, sino en que "somos" personas. El secreto de este fundamento está en el verbo "ser". Para que quede más claro, una cosa "es" de una cierta forma, un animal "es" de otra forma y una persona "es", también, de una manera particular. Se podría resumir en una frase: A cada tipo de "ser" le corresponde un cierto tipo de dignidad y, por ello, un cierto tipo de trato. Es decir, la dignidad de una persona está fundamentada precisamente en que "es" persona humana. Ser persona constituye la cima de la creación entera.

> La dignidad humana tiene un fundamento firme: el "ser personas".

Tener claro este fundamento de la dignidad humana de cada persona es muy importante para comprender el verdadero significado de la relación sexual.
En cada relación sexual esta dignidad humana puede ser violada o enaltecida. Este es un tema muy importante, porque dependiendo de lo que entiendes por "dignidad" así será tu trato con las demás personas en el campo de la sexualidad: como objeto, como animal o como persona.

> Ser persona constituye la cima de la creación entera.

CAPÍTULO II

¿Impulso o instinto?

El impulso y la relación sexual

"La sexualidad está en todo el cuerpo y en toda el alma.
La sexualidad está en la persona".

José Ignacio Munilla

"Pequeño mundo soy, y en esto fundo
que en ser señor de mí, lo soy del mundo".

Calderón de la Barca

"Mayor soy y para mayores cosas he nacido
que para ser esclavo de mi carne".

Séneca

Fotografía: Diego Enrique Porras Godínez

I
¿Esclavo del impulso?
Visiones reduccionistas del impulso sexual

El impulso sexual es un movimiento interior que se desarrolla en nosotros sobre todo a partir de la pubertad. Es una manifestación de aquella dimensión que empapa todo nuestro ser: la sexual. Pero, así como un caballo requiere de un buen jinete que lo entrene, lo sepa comprender y montar, también el impulso necesita de una persona cabal, una dama o un caballero que lo conozca, lo entienda, lo oriente, y por supuesto, lo disfrute y aproveche.

Todas tus acciones tienen inicio en distintos movimientos interiores, por ejemplo, comes porque tienes hambre, tomas porque tienes sed, duermes porque tienes sueño, en fin, el impulso te mueve a la acción. La relación sexual tiene su origen en el impulso sexual, es como el botón de encendido que pondrá en ejecución todos los demás aspectos que conlleva el acto sexual.

Cuando se trata de opinar sobre el sexo, todos tienen algo que decir. Algunas abuelas dirán que "todo es malo", los papás que "seas responsable", algunos curas que "es pecado" y tus amigos "dale con todo". Todas estas son opiniones, pero queremos descubrir cuál es la verdad. Antes de reflexionar sobre los aspectos positivos del impulso sexual, te quiero presentar algunas visiones reduccionistas de este, que han estado presentes a lo largo de la historia y que hoy siguen marcando pautas para muchos. ¿Por qué empezar por los reduccionismos? Porque es más fácil partir de los errores y malas interpretaciones para comprender los aspectos positivos de un tema y así edificar sobre terreno firme.

Refiriéndose al impulso sexual, existen algunos que lo consideran como lo más importante, como el único motor que mueve al hombre a actuar; otros le quitan todo su valor considerándolo como un terrible pecado que destruye la dignidad del hombre. Estas reducciones hacen del impulso o un dios, por el cual vale la pena sacrificarlo todo, o un terrible demonio que atormenta al hombre para hacerlo pecar. Cualquier reducción que se haga del hombre termina por privarlo de la felicidad, la libertad y la plenitud que tanto anhela.

Cualquier reducción que se haga del hombre termina por privarlo de la felicidad, la libertad y la plenitud que tanto anhela.

El sexo: Motor que mueve al hombre

Visión del pansexualismo

El pansexualismo es una ideología filosófica que «tiende a considerar todas las manifestaciones de la vida humana, aún las del recién nacido, como manifestaciones del impulso sexual»[8]. El término viene del griego: *pan* (todo), *sexual* (relativo al sexo), *ismo* (pensamiento, teoría o movimiento). En palabras más sencillas podríamos decir que es la teoría que visualiza toda la vida del hombre con los lentes del sexo. Para el pansexualismo, el impulso y el acto sexual serían el motor de nuestra vida y nuestro actuar.

Esta visión se conoce también como la teoría de la libido, nombre que viene del latín y significa «voluptuosidad que resulta del placer»[9]. El nombre del mayor representante de esta teoría ya lo debes haber escuchado, pues en el mundo actual ha tomado un puesto relevante sobre todo en el campo académico. Fue él uno de los promotores de aquella revolución sexual de la que te hablé en la introducción. Se trata del famoso psicólogo austriaco Sigmund Freud.

La teoría de la libido sostiene que absolutamente todo apunta en el hombre a la voluptuosidad, al erotismo; es la única fuerza por la que el hombre actúa. Freud «no habla de un impulso sexual, sino, sobre todo, del impulso a la voluptuosidad»[10]. Él afirma que el hombre en su naturaleza está constituido y orientado para la búsqueda y satisfacción de la voluptuosidad, es decir, del placer desmedido. Todo lo demás es secundario. Karol Wojtyla explica que para Freud «[la voluptuosidad] es el fin primordial del impulso sexual y aun de toda la vida instintiva del hombre, un fin *per se*. Según esta concepción, la transmisión de la vida, la procreación, no es más que un fin secundario, *per accidens*. De modo que el fin objetivo del impulso sexual viene a ser secundario y, en el fondo, carente de importancia»[11]. Por este motivo se llama pansexualismo, porque para Freud, al hombre todo le hablaría de sexo, dejaría de mirar la realidad con la pluralidad de colores para contemplarla con el único color del sexo.

Según el pansexualismo estamos hechos para el sexo, no para el amor; la satisfacción del impulso sexual sería el fin último de todas nuestras acciones. Volviendo a la imagen del caballo, si el impulso ocupa el primer lugar es como si el caballo fuera quien decide a dónde ir, a qué velocidad y por cuánto tiempo sin importar riesgos, peligros o incluso la muerte. Vivir como pansexualista tu vida sexual es como cabalgar con un caballo desbocado. Pero ¿a quién le gusta cabalgar sin rumbo? ¿Te gustaría subirte a un caballo sin saber a dónde te pueda llevar o si te pueda tirar en el camino?

Según el pansexualismo estamos hechos para el sexo, no para el amor.

Esta concepción que Freud y los pansexualistas presentan del impulso no representa toda su riqueza objetiva, sino que lo limita a un solo aspecto: el placer sensual que se obtiene en el acto sexual, negando la existencia de la interioridad de la persona[12]. Pero no solo reduce el impulso, sino que es, en última instancia, una división del hombre en lo más íntimo de su ser. Por tu interioridad eres capaz de conocer el valor objetivo de la relación sexual, puedes contemplar y juzgar los fines, y decidir libremente con tu voluntad que ese acto no sea un simple medio para obtener placer. Las facultades (inteligencia y voluntad) son como las riendas que te ayudan a dirigir y orientar el caballo hacia donde tú quieras ir. Así como el caballo debería estar al servicio del jinete, el impulso debería estar al servicio de las facultades, y estas no como quienes someten, sino como quienes orientan y encauzan. El impulso es para el hombre, no el hombre para el impulso.

¿Alguna vez has escuchado que las relaciones sexuales son algo instintivo? ¿Una exigencia biológica que tienes que satisfacer siempre? ¿Que negarte a ella es represión y puede ser hasta dañino para tu salud? Hay muchos que proponen esta visión, pero para evitar cualquier tipo de confusión te propongo hacer una distinción de palabras que te ayudará a no caer en ese problema: "instinto" e "impulso". El instinto es de los animales, funciona como una fuerza que no se puede controlar, ellos están obligados a satisfacer inmediatamente las exigencias de éste. Los perros, por ejemplo, no pueden reflexionar si es conveniente o no aparearse en un determinado momento; si es su periodo de celo, lo harán. El impulso, en cambio, es algo exclusivo de los hombres; eres capaz de reconocerlo, juzgarlo y, por tu racionalidad, decidir libremente si satisfacerlo o no. Mientras que el instinto es obligatorio, el impulso es opcional. «A diferencia de los instintos, el impulso sexual no presenta el carácter de la obligatoriedad, sino más bien el de la flexibilidad»[13].

El impulso es para el hombre, no el hombre para el impulso.

Según Freud el sujeto no puede escapar ni decidir libremente de la fuerza que ejerce sobre él su instinto[14]. Dice que estamos obligados a responder al instinto cada vez que lo sentimos. Mientras que Freud habla de instinto en el hombre, nosotros hablamos de impulso. Porque si negamos que el hombre puede ponderar los fines del acto sexual y decidir libremente sobre su actuar, aceptaríamos con Freud que somos como cualquier otro animal, privados de inteligencia y voluntad, y que actuamos de una manera determinada por el instinto. Como afirma Karol Wojtyla: «la concepción [freudiana] coloca [...] el psiquismo del ser humano al nivel del animal, que se orienta hacia la búsqueda del placer sensual biológico [...] porque su actitud normal respecto de los fines objetivos de su ser es instintiva»[15].

"Me he tratado de convencer que podía gozar del placer, sin involucrar a mi corazón, ¡pero no es así, estoy harta de usar y ser usada!".

Si lo que dice Freud es cierto, el acto sexual no tendría ningún valor ético, no lo podríamos calificar como bueno o malo porque sería un acto privado de libertad. Su visión busca precisamente demostrar que el acto sexual no puede ser juzgado éticamente. Sin embargo, la experiencia nos muestra que sí existe una conexión verdadera entre el acto sexual y la ética. Piensa en el terrible remordimiento o la tristeza que experimentas después de una noche de aventura. Una vez durante un viaje en avión, se sentó una joven a mi lado que me empezó a presumir, con aparente alegría, las muchas experiencias que tenía en el campo sexual. Le pregunté: "¿Cómo te sientes viviendo así? ¿Crees que lo que haces está bien?". Me respondió que lo importante para ella era sentirse bien en el momento, disfrutar las ocasiones que se presentaran y que no se cuestionaba mucho sobre si era bueno o malo, "eso lo hacen ustedes los mochos, yo simplemente gozo el momento". Entonces le dije: "Si lo que dices es verdad, ¿por qué lloras en las noches cuando te quedas sola?". Después de un silencio, con lágrimas en los ojos, me dijo: "¿Cómo sabes? Todos estos años he querido pretender que no me importa, me he tratado de convencer que podía gozar del placer sin involucrar a mi corazón, ¡pero no es así, estoy harta de usar y ser usada!". Esta es una experiencia universal; lo aceptes o no, así es. Todo acto sexual está cargado de un valor moral[16].

Desde el punto de vista ético, el pansexualismo es una visión utilitarista del hombre porque propone como valor absoluto el placer del sujeto, quien con tal de obtenerlo puede y debe hacer uso del otro, considerándolo no como un sujeto, un tú, sino como un objeto, una cosa. A veces escuchamos que una pareja por mutuo acuerdo decide tener relaciones sexuales con el único fin de obtener placer. Este pacto, sin embargo, no eleva en ningún modo la relación sexual al nivel interpersonal. Parecería que dicho pacto, al ser un acto libre, alza o recupera la dignidad de cada individuo, pero en realidad es solo una alianza de convertirse el uno para el otro en simples objetos, en usarse mutuamente, un crudo permiso de esclavitud temporal. Además, el acuerdo de placer recíproco no es del todo equitativo, por el simple hecho de que la mujer y el hombre no son iguales. La mujer, al ser mucho más espiritual y emocional que el hombre, nunca, o muy pocas veces se acerca a la relación sexual solo por la excitación física que esta produce. Mientras que él busca, por lo general, únicamente la descarga de placer físico, ella busca sobre todo una unión de personas, una explosión de sentimientos y emociones. Por eso algunos dicen que "mientras el hombre finge amor para obtener sexo, la mujer finge sexo para obtener amor".

La persona nunca puede ser usada como medio, es siempre un fin en sí misma.

Seamos sinceros, si el único objetivo de la relación sexual fuera dar y recibir placer, no habría un gemido desgarrador desde el interior de tantos jóvenes que se han sentido usados y que han dejado de creer en el amor. El verdadero reto de la moralidad sexual no es abstenerte de los placeres, sino lograr saborear y disfrutar de ellos sin instrumentalizar a la otra persona. La persona nunca puede ser usada como medio, es siempre un fin en sí misma.

El sexo: Un mal necesario

Visión rigorista puritana

Ya vimos a los que solo les interesa el placer: los pansexualistas; ahora vamos a hablar de a quienes solo les interesa el "producto" y que consideran que el placer sexual es un mal necesario para conservar la especie: los rigoristas puritanos.

La visión rigorista del impulso sexual ha estado presente desde épocas muy antiguas en muchas culturas, pero adquirió una mayor fuerza durante el siglo XVII. En aquellos años nació el puritanismo, corriente que proviene del protestantismo, originado un siglo atrás en Alemania, el cual hereda una visión parcial del cristianismo. El puritanismo se puede resumir como una visión dualista del hombre, donde el espíritu es infinitamente superior al cuerpo: el alma es la esencia de la persona, mientras que el cuerpo es un simple anexo que, además, proporciona problemas, pecados, enfermedades y, en definitiva, la muerte. El alma se encuentra en una lucha constante por liberarse del cuerpo y de las pasiones que éste le presenta.

Los puritanos desprecian al cuerpo porque, según ellos, solo nos genera ocasiones de pecado. ¡Como si Dios fuera tan cruel como para haber dado al hombre un regalo que le causaría su condena! El puritanismo considera que el impulso y el placer sexual son malos por ser pecaminosos. El acto sexual sería un mal necesario para un fin legítimo: la procreación humana. «[Los puritanos consideran que] el Creador se sirve del hombre y de la mujer, así como de sus relaciones sexuales, para asegurar la existencia de la especie Homo sapiens. Por eso utiliza a las personas como medios que le sirven para su propio fin. Por consiguiente, el matrimonio y las relaciones sexuales no son buenos más que porque sirven a la procreación»[17].

Si el problema del pansexualismo era la reducción del impulso al placer, el rigorismo puritano presenta una reducción en el sentido opuesto. Ahora el valor del impulso y del acto sexual es únicamente su "producto" final. El acto sexual es bueno solo si produce bebés, si no, solo ha colaborado al egoísmo de la pareja y los ha hecho pecar suscitando un placer que no produce ningún bien al alma.

Según el rigorismo puritano estamos hechos para la procreación, no para el amor.

Está claro que esta visión puritana de la sexualidad es también utilitarista, pues invita a que el hombre y la mujer se "presten" (palabra que se refiere a cosas y nunca a personas), para que la raza humana no deje de existir. Convierte a la pareja en objetos productores de humanos, máquinas al servicio de la especie. El impulso sexual sería útil no a la pareja, sino a la humanidad entera, «el matrimonio es admisible, porque el bien de la especie lo exige»[18]. Según el rigorismo puritano estamos hechos para la procreación, no para el amor.

Pero si la procreación es un verdadero fin al cual tiende la sexualidad, ¿por qué consideramos reduccionista y utilitarista esta visión? La respuesta es sencilla si recuerdas la concepción del hombre como persona. La relación sexual no se puede reducir por ningún motivo solo al placer que de ella obtenemos, pero tampoco la podemos minimizar al "producto" que de ella nace.

En las relaciones personales el fin es siempre la otra persona, por eso tanto el fin como los medios deben ser acordes a la dignidad de esta. La relación sexual no es solo un medio para la procreación, sino que es también un fin en sí misma porque fomenta y acrecienta la unión libre y amorosa entre dos: el hombre y la mujer que deciden amarse y entregarse. «Al unirse el hombre y la mujer en las relaciones sexuales, lo hacen en cuanto personas libres y racionales, y su unión tiene el valor moral propio del amor verdadero de las personas. [...] Desde el momento en que dos personas pueden elegir en común un bien para que sea su fin, existe también la posibilidad del amor»[19].

"Hacer el amor" es solo de personas.

El impulso sexual, a diferencia del instinto animal, es un regalo de Dios para que puedas amar y entregarte a los demás de una manera libre y total. Sólo tú puedes "hacer el amor", esta es la distinción más elemental que te separa de los animales y por supuesto de las cosas. "Hacer el amor" es solo de personas.

II
¿De qué deseo es este deseo?
El impulso sexual y la norma personalista

Todos los días experimentas muchos deseos. Desde que te despiertas deseas quedarte más tiempo en la cama, luego deseas que no llueva, que el día no esté demasiado caliente ni demasiado frío, que no haya tráfico, que gane tu equipo favorito... deseos cotidianos. Hay algunos más elevados: deseas que todos los niños tengan una familia, que no haya hambre en el mundo, que se acabe la guerra, que la salud no falte a tus seres queridos... Pero hay otros deseos todavía más sublimes como el deseo de vivir para siempre, ser recordado en el tiempo, ser feliz eternamente, encontrar a Dios, sentirte amado o amada... Los deseos son propios del hombre porque manifiestan su interioridad y racionalidad.

En el hombre, el impulso sexual manifiesta deseos muy profundos: deseo de comunión, de intimidad, de amor, de entrega, de donación... A diferencia de nosotros, los animales no pueden desear, ellos solo experimentan el presente, por eso, en ellos el instinto no deja espacio ni a la libertad ni al deseo.

Para terminar este capítulo te quiero presentar una visión personalista de la sexualidad, que analiza el impulso sexual a la luz de los deseos profundos del hombre y declara la bondad de este impulso al servicio del amor. Este último punto se divide en dos partes: en la primera veremos el valor del impulso sexual, y en la segunda, el rol que tiene dentro de la relación sexual.

¿Libre o esclavo de mis impulsos?

Valor del impulso sexual

Los cientos de impulsos que sientes a diario surgen de la naturaleza humana que te constituye y te caracteriza. Sin estos no podrías hacer nada, son como el motor que te mueve a actuar y alcanzar los bienes que ellos te presentan. Si estos no te presentaran un bien, jamás escogerías seguirlos. Los impulsos no son ni buenos ni malos, la calificación moral se da en el acto que haces o dejas de hacer motivado por ese impulso. Por ejemplo, tener ganas de dormir más tiempo en la mañana no es ni bueno ni malo. Malo será que, por satisfacer este impulso, no llegues a la universidad, al trabajo, a una cita con tu novio o novia, o no cumplas con tus responsabilidades.

Los animales también experimentan algunos impulsos como nosotros. Ellos sienten, por ejemplo, el impulso de comer y descansar, de aparearse, a defenderse en caso de peligro, etc. El animal actúa mecánicamente sin preguntarse por el fin, la causa o las circunstancias de lo que siente, del acto que realiza o realizará. El hombre, en cambio, no hace nada sin vista a un fin determinado, se pregunta por qué, cuándo, dónde y cómo. Un abismo separa al instinto del animal y su reacción de los impulsos del hombre y su reacción. En el caso de los animales sabemos que, por su forma de ser, están obligados a satisfacer lo que su instinto les reclama, al no ser racionales, no calculan, no miden, no especulan ni valoran si realizar o no tal acto. Jamás he visto a un perro sacando cálculos de cuánta cantidad de alimento debe comer para mantenerse en forma o de cuántas horas debe dormir. Ellos simplemente sienten y satisfacen. En nosotros es distinto. Por nuestra racionalidad somos capaces de discernir y conocer cuáles son nuestros impulsos. Un chango nunca hará un estudio del impulso sexual como este, un león no estudiará el motivo por el que corre a tal velocidad detrás de una cebra, ni un oso perezoso calculará las horas de sueño necesarias para su cuerpo, etc... Nosotros, por el contrario, podemos conocer, estudiar y orientar nuestros impulsos, pero sobre todo, podemos percibir el fin por el que actuamos en todo lo que hacemos, podemos interpretar los acontecimientos, interiorizarlos y valorarlos para después tomar una decisión voluntaria.

Puesto que los actos no son iguales en los animales que en nosotros, la sexualidad tampoco puede ser igual. El impulso sexual en el hombre tiene un valor objetivo, cualitativamente superior a los animales, pues las relaciones sexuales humanas son interpersonales. Ninguna conducta del hombre es resultado de un simple mecanismo corpóreo, como en los animales, sino que todos nuestros actos participan de nuestra interioridad[20]. Por eso podemos hablar verdaderamente de la libertad en el hombre. Tu libertad te permite optar o no por satisfacer tus impulsos. Eres libre para ayunar cuando quieres bajar de peso; libre para desvelarte cuando vas a una fiesta; libre para comer incluso cuando no tienes hambre... La libertad tiene un lugar fundamental en tu actuar. No eres esclavo de tus impulsos, eres libre, tan libre que puedes libremente hacerte esclavo de ellos. Esta es la paradoja más existencial y profunda del hombre.

No eres esclavo de tus impulsos, eres libre, tan libre que puedes libremente hacerte esclavo de ellos.

Para entender con mayor claridad la libertad del hombre en el campo sexual, podemos analizar el fenómeno de la complementariedad sexual entre el hombre y la mujer, y las diferencias específicas que se dan entre la sexualidad de los animales y de las personas. Te presento tres aspectos específicos de la actividad sexual humana que, gracias a la libertad, se contrapone con la actividad sexual animal. Estos aspectos son: la incongruencia de las curvas de excitación masculina y femenina, la ausencia de periodos de celo, y el fenómeno de la excitación y de la emoción[21].

La incongruencia de las curvas de excitación masculina y femenina

En los animales la actividad sexual se basa solo en el instinto. En ellos esta actividad obedece a la única finalidad de reproducirse, a mantener la especie. Por el contrario, en las relaciones personales movidas no por el instinto, sino por el impulso, existen diferencias fisiológicas específicas que permiten alcanzar no solo la finalidad reproductiva, sino que al mismo tiempo, se convierten en posibilidad de acrecentar la comunión mutua en la pareja y expresar así la unión de personas por medio de su libertad.

El estímulo sexual puede presentar diversas variaciones en cada uno de nosotros, sin embargo, «existe un esquema aplicable a la mayor parte de las personas en la mayor parte de los casos. Este esquema prevé tres fases: deseo, excitación, orgasmo»[22]. Cada una de estas fases tiene sus características y manifestaciones propias. Nos detendremos a profundizar la segunda fase: la de la excitación.

Cuando el deseo pasa a ser excitación se dan diversas modificaciones físicas. Algunas manifestaciones son comunes a ambos sexos, por ejemplo, la carga de sangre en el área genital y el aumento de la involuntaria tensión muscular en el cuerpo durante la excitación y que después del orgasmo disminuye hasta llegar a la normalidad. Por otro lado, existen manifestaciones de la excitación que son propias de cada sexo. La excitación en el varón se produce de manera más rápida, y con esa misma rapidez baja de intensidad.

En la mujer, por el contario, el proceso de excitación y enfriamiento se da de forma más lenta y duradera. Además, mientras que el hombre no puede experimentar orgasmos seguidos y deben pasar momentos de enfriamiento largos para tener una nueva erección, la mujer sí puede alcanzar orgasmos repetidos en un mismo acto sin que se dé el periodo refractario o de enfriamiento; esto si se continúa la excitación con una estimulación adecuada. Usando gráficas podemos decir que las curvas de excitación femeninas son onduladas, suben o bajan marcando la excitación de un mismo acto que la puede llevar a varios orgasmos. Por su parte las curvas de excitación masculinas podríamos dibujarlas rectilíneas, de una empinada excitación, con la cima en un único orgasmo y con una prolongada línea de bajada para el enfriamiento lento; hasta que toque la base de normalidad no se podrá provocar una nueva erección. Todo esto dependiendo también de la edad de cada uno de ellos[23].

A primera vista y de manera superficial podríamos juzgar que estas diferencias fisiológicas fueran un error de la naturaleza humana que impide, o por lo menos limita, la complementariedad. Pero esto no es así. De hecho, la diferencia en los niveles de excitación abre espacio a la libertad del hombre de salir de sí mismo y pensar en el otro, pues en la relación sexual humana «las leyes fisiológicas manifiestan algo que las trasciende»[24]. Conociendo estas circunstancias el hombre puede meter en juego su libertad, su inteligencia y su voluntad, para superar estas diferencias y lograr una plena relación sexual, ser un solo cuerpo, una sola alma.

Aquí entra nuevamente la norma personalista de Karol Wojtyla, por la cual estás llamado a centrar la atención no en ti mismo y en tus necesidades personales, sino en el otro. En esa donación al tú encuentras tu propia plenitud. Eres capaz de renunciar a tu propio placer, salir de tu egoísmo e ir al encuentro de las necesidades de tu pareja, buscando que también ella alcance los niveles máximos de excitación en la relación sexual. En el acto sexual estás llamado a no solo buscar satisfacer tu impulso con el placer de la excitación, sino que estás invitado sobre todo a llevar a tu pareja a la misma satisfacción sexual que deseas para ti. Un sinónimo de acto sexual es coito. Es una buena imagen ya que esta palabra viene del latín *cum-ire* que significa "ir con": llegar juntos al placer, a la satisfacción plena de quienes donándose mutuamente alcanzan el mayor nivel de felicidad en la entrega. El sexo es un camino en pareja, no una carrera de relevos o una competición individual.

> **Estás llamado a centrar la atención no en ti mismo y en tus necesidades personales, sino ven el otro. En esa donación al tú encuentras tu propia plenitud.**

Si no tomas en cuenta la norma personalista y sólo buscas el placer personal, independientemente de la satisfacción del otro, el acto sexual, lejos de ser un encuentro de amor recíproco, «fruto de un camino común, [se reduce] a dos masturbaciones sincrónicas»[25] que contradicen la naturaleza del mismo acto sexual humano que es donación de sí. De esta manera, lo que está hecho para ser amor, se convierte en egoísmo, lo contrario del amor.

> El acto sexual es un encuentro de personas y no solo de cuerpos.

Esta diferencia fisiológica de la excitación manifiesta una especificidad de la sexualidad humana, la cual involucra a la persona completa. El acto sexual es un encuentro de personas y no solo de cuerpos, una unión de voluntades que desean libremente entregarse uno al otro, un vínculo en el que la satisfacción de la pareja está por encima de la propia.

La ausencia de periodos de celo

La ausencia de periodos de celo es la segunda característica propia de la sexualidad humana que muestra su trascendencia con respecto a la del animal. Existe una distancia abismal entre el apareamiento animal y la relación sexual humana. La primera está determinada por el instinto, la segunda es motivada por la fuerza del impulso y el deseo del amor.

El animal actúa siempre por necesidad que le viene del instinto, no puede detenerse a valorar si el acto es bueno o no, si conviene ahora o mejor se espera un poco. El animal, sin reflexionar, se lanza como en automático para llevar a cabo una función fisiológica meramente instintiva. Siente el instinto y va tras él hasta saciarlo. Por ejemplo, ¿qué sería de los conejos si pensaran en formas de regulación de la natalidad? ¿O de los perros si tuvieran que buscar un lugar adecuado para sus encuentros? Nosotros, a diferencia de los animales, no actuamos por necesidad o en automático ni tenemos periodos fijos de celo o de apareamiento durante el año. Mientras que el animal sólo busca el apareamiento durante el periodo de celo, el hombre no se encuentra limitado por un periodo, puede querer tener sexo durante todo el año.

Aquí se presenta entonces, la misma problemática del argumento pasado: ¿es esto una desventaja con respecto al mundo animal? ¿El hombre está menos dotado fisiológicamente que el animal? «La pregunta es importante sobre todo si se considera la inestabilidad y los desórdenes que se dan en el hombre por falta de estos ritmos; son aspectos negativos que el animal se ahorra»[26].

Aquí sucede lo mismo que con las curvas de excitación. Si reducimos al ser humano al aspecto fisiológico, esto es una pérdida. Hemos visto que el hombre no es solo fisiología, sino que en cada acto que realiza involucra a toda su persona y por ello sus actos adquieren un valor ético. El hombre puede equivocarse, el animal no. Aquí, mejor que en cualquier otro lugar, se cumple el dicho "errar es humano".

La ausencia de periodos de celo nos permite actuar siempre con libertad. Pero esta ausencia puede ser nuestra mayor gloria o nuestra peor condena: nuestra mayor gloria en cuanto que podemos libremente autorregularnos y actuar siempre en función del verdadero fin, el don total de nosotros mismos al otro; nuestra peor condena puesto que esta libertad también nos permite fallar y utilizar al otro para nuestra satisfacción personal, olvidando los fines y reduciendo el acto sexual solo al intercambio de placer, o en el peor de los casos, ni siquiera un intercambio, sino un abuso.

Puesto que el hombre no está limitado a unos periodos de celo, en las relaciones sexuales personales se deja un espacio a la creatividad; a veces hay que cultivar el momento con un buen vino, una buena canción, una cena romántica, etc. Puede y debe preparar el escenario para que sea un momento de intimidad y de comunión, pues en cada acto sexual se intercambia también una gran carga de emoción.

La excitación y la emoción

El doble fenómeno de excitación y emoción es la última característica específica que analizaremos de la relación sexual humana. Mientras que, en los animales, el apareamiento tiene el único valor de la preservación de la especie, y se lleva a cabo solo por necesidad y de manera automática, en la sexualidad humana, no solo se presenta ese aspecto objetivo de la procreación, sino que también se presentan valores subjetivos que elevan el acto a una relación interpersonal.

«En las relaciones interpersonales [...] se produce en la persona una doble reacción: la excitación y la emoción»[27]. La excitación se refiere exclusivamente al plano de la corporeidad. Como se manifestó en la incongruencia de las curvas, la excitación produce reacciones de placer fisiológico y tanto el hombre como el animal pueden gozar de ella. La emoción, en cambio, es propia de las relaciones personales, pues involucra a la persona en su totalidad y no está limitada únicamente al campo sexual, ya que diferentes actividades personales producen diversas cargas de emoción.

En cada acto sexual humano se da una relación interpersonal que va más allá de la unión de dos cuerpos que se dan placer, es decir, va más allá de la excitación. Esto se ve manifestado por la misma experiencia. Muchas veces no basta con llegar a la excitación y después que cada quien siga con sus actividades y su ritmo. Ambos miembros de la pareja necesitan sentirse acompañados, respetados, escuchados, abrazados, valorados; en definitiva, ambos necesitan sentirse amados. Olvidar la carga de emoción que involucra cada acto sexual y pretender que no exista, crea una profunda herida en la persona, pues la hace sentir como un objeto, un juguete, un pasatiempo, una diversión o una distracción.

Las emociones juegan un papel crucial en la relación sexual y no podemos menospreciarlas ni mucho menos pensar en eliminarlas para quedarnos solo con la excitación. «[Esta] distinción entre excitación y emoción prueba, una vez más, la especificidad de la sexualidad humana, que excluye cualquier reducción al puro instinto»[28].

¿Impulso solo para el sexo o también para el amor?

El rol del impulso en la relación sexual personal

¿Cuál es el rol que el impulso tiene en la totalidad de la relación sexual personal? Ya sabes que el impulso no puede por ningún motivo ser reducido al instinto, como pretenden algunos, pues «en el hombre esta realidad

El rol del impulso en el acto sexual es primariamente colaborar para que el hombre realice su vocación al amor y a la entrega. Estamos hechos para el amor y el impulso sexual nos ayuda a lograr este objetivo.

es algo muy distinto al puro instinto de las bestias, y se trata de una dimensión humana cuyo significado trasciende la simple realización de los actos sexuales»[29]. El rol del impulso en el acto sexual es primariamente colaborar para que el hombre realice su vocación al amor y a la entrega. Estamos hechos para el amor y el impulso sexual nos ayuda a lograr este objetivo.

Hay otros dos aspectos secundarios del impulso sexual: la preservación de la especie y la comunión. En primer lugar, la finalidad más práctica del impulso es la preservación de la especie. Tenemos en nuestra estructura humana un impulso que nos mueve a salir de nosotros mismos para buscar nuestra realización en el otro, primordialmente por la necesidad de continuar con la existencia. No podemos negar las consecuencias inmediatas de cada acto sexual, el impulso nos recuerda que podemos contribuir en la creación de nuevos seres, nos mueve a mantener la especie. El hombre es consciente de que de tal acto se puede originar una nueva vida humana. Por ello en el matrimonio, cuando la pareja ha hecho un discernimiento responsable y está lista para tener hijos no los pide por Amazon, sino que se unen en amor por la relación sexual, justamente porque el impulso los lleva a buscar nuevos miembros en la familia.

En segundo lugar, el impulso manifiesta también un deseo muy profundo en el hombre: la comunión. Dice Karol Wojtyla en su libro "Persona y acto": «El impulso sexual constituye la base del deseo de estar con el otro ser humano bajo el principio de una profunda similitud y, al mismo tiempo, de una diferencia dada por el hecho de ser del sexo opuesto»[30]. Por ello, el impulso sexual no se reduce únicamente a su valor procreativo, sino que éste manifiesta al mismo tiempo un factor de complementariedad entre el hombre y la mujer, no solo una vez, sino cada vez y durante toda su vida en sus diversas relaciones. Este aspecto unitivo es tan importante para la pareja que, incluso si llegaran a darse cuenta de que sufren de esterilidad, el acto sexual bien llevado no evita la fecundidad mutua o en palabras de Karol Wojtyla: «Son los esposos mismos quienes renacen en el amor y, de algún modo, se dan la vida mutuamente en la comunidad interpersonal»[31].

Es gracias al impulso sexual que el hombre puede reconocer el valor procreativo y unitivo de la relación sexual, y gracias a su libertad puede optar por ellos sin despreciar ninguno, pues es necesario que, si quiere hacer una experiencia de amor auténtica, esté siempre abierto a estos dos aspectos. El impulso no solo sirve para tener sexo, sino también para amar. No es solo una fuerza que nos impulsa a hacer el amor, sino, sobre todo, a vivir en el amor.

El impulso no solo sirve para tener sexo, sino también para amar. No es solo una fuerza que nos impulsa a hacer el amor, sino, sobre todo, a vivir en el amor.

PARTE II

LA BELLEZA DE LA RELACIÓN SEXUAL

CAPÍTULO III

Amo tu persona, no solo tu cuerpo

Castidad, pudor y continencia: tres virtudes para vivir la relación sexual en plenitud

"Solo el hombre casto y la mujer casta son capaces del verdadero amor".
San Juan Pablo II

"El amor casto engrandece a las almas".
Víctor Hugo

"Desear el amor no es debilidad, la debilidad consiste en conformarnos con algo menos que el amor".
Crystalina Evert

I
Si no puedes decir "no", tu "sí" no significa nada
La virtud de la castidad

En el capítulo anterior vimos que el impulso sexual es una realidad que todos sentimos, una fuerza que, bien orientada, nos ayuda a crecer como personas, a colaborar con la especie humana y, sobre todo, nos estimula a realizar nuestra vocación al amor. El impulso no determina al hombre a actuar, así como el instinto determina al animal, pero no por eso podemos afirmar que el impulso sexual no tenga influencia sobre nuestro comportamiento. Ahora descubrirás cómo ese impulso, justamente por el papel importante que tiene en tu vida, debe ser regulado por una virtud, para no caer en el peligro de usar o dejarte usar por otros.

Decimos que una persona es mejor por las virtudes que la adornan o peor por los vicios que la deforman.

Por tu naturaleza racional eres capaz de modificar, reprimir o integrar tus impulsos «por la intervención de la inteligencia y de la voluntad, que los adapta a fines superiores»[32]. Esta intervención se da por medio de la formación de hábitos. ¿Hábitos? ¿Qué es eso? Suena a *outfit* de monjes... Un hábito es una tendencia no natural que se adquiere por la repetición de actos. Son no naturales porque no naces con ellos, sino que los vas adquiriendo con el paso del tiempo. Los hábitos tienen un rol fundamental en la formación de tu conducta que «será buena si está guiada por hábitos moralmente buenos, que se llaman virtudes; y será mala si posee hábitos moralmente malos, llamados vicios»[33]. Por ejemplo, un joven que llega todos los días a tiempo a sus clases en la universidad tiene la virtud (hábito bueno) de la puntualidad; en cambio, uno que no llega nunca a tiempo tiene el vicio (mal hábito) de la impuntualidad. Para alcanzar tu perfección como ser humano, tienes que ejercitarte en la repetición de actos buenos o, en otras palabras, debes buscar ser hombre o mujer de virtud. Decimos que una persona es mejor por las virtudes que la adornan o peor por los vicios que la deforman.

¿Qué tienen que ver las virtudes con el acto sexual? Leer instrucciones no es de lo más común entre nosotros, jóvenes de este mundo modernizado y lleno de tecnología. Sin embargo, investigar sobre algunas instrucciones que indiquen la forma correcta de vivir la relación sexual suena interesante. Ignorar tales indicaciones puede provocar el mismo efecto que si le diéramos un iPhone a uno de nuestros abuelos sin un manual de uso, unos consejos o por lo menos unas cuantas demostraciones. Terminaría disponiendo de él como mejor se le ocurriera, lo usaría mal, lo arruinaría o no le sacaría el mejor rendimiento. En la vida sexual no nos podemos arriesgar a tanto. Por eso, existen algunas virtudes que nos permiten descubrir y valorar el tesoro que la relación sexual custodia. Seguramente piensas que las virtudes son cosas de santurrones y que tú no tienes nada que ver con eso, pero verás que tienes mucho que ver con ellas y que, además, las necesitas para vivir con plenitud lo que tanto deseas. Te voy a hablar de tres virtudes relacionadas con el sexo que te ayudarán a quitar prejuicios que solo reducen nuestros horizontes sobre la belleza del acto sexual: la castidad, el pudor y la continencia.

La castidad es el hábito que nos capacita para vivir una sexualidad integrada. Es la virtud que nos traza las orientaciones para dominar y formar el impulso sexual. Además, nos permite vivir la relación sexual en plenitud por medio del don de uno mismo al otro, y sobre todo, nos perfecciona porque nos orienta hacia el amor. Siguiendo con la imagen del manual, la castidad es la primera de las instrucciones de uso para el correcto orden del impulso sexual.

La castidad nos perfecciona porque nos orienta hacia el amor.

Podrías pensar que hablar hoy de virtudes, y más aún de la virtud de la castidad, es asunto perdido, algo pasado de moda. Pero las virtudes no pueden pasar de moda porque el hombre nunca pasa de moda y mientras sigamos existiendo éste será un tema que nos interese a todos. Así como el sexo suscita siempre un gran interés, así también el deseo de vivirlo correctamente, de no usar ni ser usado, y en especial, el deseo de amar y ser amado correctamente palpita igual o más fuerte en nuestro interior. Iniciemos esta reflexión conociendo algunas opiniones negativas de la castidad, para luego contrarrestarlas y ver lo positivo que nos aporta.

La castidad, ¿es solo para las monjas?

Visión negativa de la castidad

Basta preguntar en la calle o buscar opiniones en internet sobre la castidad para encontrar las más variadas respuestas. Para los que mejor la consideran, la ven como un "sacrificio", una renuncia a las relaciones sexuales, para así poder dedicarse solo a las cosas de Dios o a obras de filantropía. Una visión más negativa sostiene que la castidad es cosa de curas y monjas, y que ni siquiera ellos a veces la viven bien; la consideran asunto para los puritanos que se abstienen de tener sexo. Otros literalmente la ven como algo propio de medievales o un asunto polémico y oscurantista de la Iglesia católica. Hay quienes llegan a sostener que la castidad es una regla inventada por el hombre para que no se dieran abusos en el campo sexual y la califican de patología pues bloquearía necesidades importantes del cuerpo.

«¿La virtud en general y la virtud de la castidad en particular han perdido su buena reputación? ¿La castidad ha dejado de ser considerada una virtud para las personas?»[34]. Parece ser que sí. Parece que en nuestro mundo la castidad ha perdido todo su valor como virtud, convirtiéndose más bien en algo negativo para el hombre. Hay un dicho que dice que "la ignorancia es atrevida", y por ello a veces nos tomamos el lujo de opinar sobre algo que ni siquiera sabemos. Hay otro refrán que afirma que "la verdad libera y la ignorancia esclaviza". A nosotros nos interesa la verdad, no las opiniones y por eso debemos ir a fondo y buscar el verdadero significado y valor de la castidad.

¿Te has preguntado por qué existe últimamente tanto rechazo hacia la vida de virtud y más aún hacia la virtud de la castidad? Tenemos que aceptar que vivimos en un mundo *light*, donde todo es *for dummies*, sin azúcar, sin sudor y con resultado en ocho días. Pero como la virtud no es algo que se compra, sino que se adquiere, que se conquista con trabajo y dedicación, el mundo la rechaza. El esfuerzo y el sacrificio han perdido popularidad en nuestra cultura, y mucho más en el campo de la sexualidad. Un ejemplo que ilustra bien esta realidad es la dieta que más de una persona ha querido seguir: primero se descubre pasada de peso, luego se propone "firmemente" hacer dieta y deporte diariamente. Pero al poco tiempo, y ante las ganas de comer con los amigos y disfrutar de lo que le gusta, va cediendo a caprichos disimulados y pequeñas fugas. Al final del mes, al subirse a la báscula, observa con pavor que pesa lo mismo que antes o que es muy poco lo que ha bajado para "tanto sacrificio". Lo curioso es que al bajarse de la báscula la primera reacción es: "esa dieta no sirve para nada, tendré que buscar una mejor. Me engañaron". Seamos honestos: el problema no era la dieta, sino la falta de seriedad, esfuerzo, sacrificio y rigor con que la siguió.

Algo similar podría pasarnos con el ejercicio de las virtudes. Queremos el placer, no la virtud, simplemente porque el primero es más fácil y accesible, mientras que la virtud es ardua y exige sudor en el cuerpo y en el espíritu. Todos quieren el placer del sexo, pero no les hables de la virtud de la castidad. Y lo peor es que para no sentirse mal, siguen queriendo considerar amor aquello que solo es placer y uso. Evitar el esfuerzo y el sacrificio produce gente mediocre que poco alcanza en la vida. Recorrer el camino del esfuerzo y el sacrificio te llevará a realizar tus metas y proyectos; por el contrario, optar por una vida fácil y sin esfuerzo te llevará a una vida de fracaso y carente de sentido. Esforzarse o no esforzarse, ese es el dilema.

Evitar el esfuerzo y el sacrificio produce gente mediocre que poco alcanza en la vida.

Entonces, ¿qué es lo positivo de la castidad? Es necesario hacer una profunda rehabilitación de lo que entendemos por castidad para encontrar su valor objetivo y presentarla de una forma atractiva que nos permita reconocer en ella un bien deseable, posible de alcanzar y de vivir.

La castidad nos libera para amar

Visión positiva de la castidad

No todos conocemos lo bueno y positivo de la castidad, ni siquiera aquellos que a veces creen practicarla. Aunque son muchos los aspectos positivos de la castidad, te presento cuatro que considero importantes y que tocan directamente el tema de este libro: la castidad nos ayuda a percibir la belleza de la relación sexual porque ella nos hace dueños de nosotros mismos y nos libera; respeta y fomenta nuestra condición dual de cuerpo y alma; posiciona correctamente el deseo y el impulso sexual en nuestra vida, y la última y más atractiva es que defiende y promueve el amor verdadero, el amor que todos queremos dar y recibir.

Primero: Nos ayuda a percibir la belleza de la relación sexual porque nos hace dueños de nosotros mismos y nos libera. ¿Cómo es que la castidad nos hace personas libres y dueños de nosotros mismos? La castidad, según la clasificación tradicional de las virtudes, es una virtud derivada de una de las cuatro virtudes cardinales[35]: la templanza, la cual nos predispone para subordinar al uso de la razón las tendencias de los sentidos[36]. En otras palabras, nos ayuda a pasar por el filtro de la razón aquellos impulsos que nos mueven hacia los placeres de la sensibilidad. Por ejemplo, la templanza te dice que no comas cuando no debes o no puedes, te dice que dejes de tomar tequila cuando sabes que debes conducir, o que respetes la dieta si de verdad quieres cuidar tu salud o bajar de peso. Se podría comparar la templanza con el procedimiento al que se somete el acero para ser forjado. Este metal se mete en el fuego para "templarlo", es decir, para fundirlo y moldearlo, para que pueda quedar sólido, firme y consistente. Esta es una buena imagen de lo que la templanza hace en nosotros. Forja personas firmes, sólidas, que saben dominar sus impulsos y someterlos al juicio de la razón.

Cuando carecemos de templanza, nuestra voluntad cede siempre a las tendencias sensuales sin considerar el bien verdadero y último. Recordemos que todo lo que hacemos lo hacemos porque percibimos un bien en ello. A veces tendemos a bienes particulares (como el placer), pero siempre de cara a un bien último, un bien en sí como la felicidad y el amor. La templanza nos ayuda a ordenar los impulsos de acuerdo no solo a bienes particulares, sino, sobre todo, a fines últimos, al bien en sí. Cuando falta la virtud de la templanza se puede llegar a reducir al hombre, dotado de un intelecto racional, a un animal que se deja llevar solamente por los estímulos sensitivos. «Es conforme a la naturaleza del ser racional [...] desear aquello que el entendimiento ha reconocido como bien y tender a él»[37]. La virtud de la templanza, por lo tanto, nos ayuda a vivir según nuestra propia condición de seres racionales, a realizar nuestra vocación a la felicidad y al amor.

La castidad verdadera no busca someter o suprimir, sino liberar, elevar y sublimar los impulsos de acuerdo al bien último del amor.

Si la templanza es la que ayuda a dominar los movimientos sensibles, la castidad, siendo una virtud subordinada a la templanza, tiene dentro del mismo fin general un fin específico que le es propio: dominar los movimientos de lujuria ligados a la atracción sexual[38]. La castidad es la virtud que nos ayuda a ejercitar la templanza en relación a la dimensión sexual. La castidad verdadera no busca someter o suprimir, sino liberar, elevar y sublimar los impulsos de acuerdo al bien último del amor.

El primer valor de la castidad es que nos ayuda a ser libres de nuestros impulsos y poder controlarlos; nos hace dueños de nosotros mismos al permitir que solo nos movamos por fines altos, bienes supremos que superen los presentados por la sensibilidad. El casto no es el reprimido, sino el verdadero poseedor de sí mismo hasta el punto de poder entregarse a los demás por amor. El que es esclavo de sus impulsos no se pertenece ni siquiera a sí mismo, y como nadie da lo que no tiene, tampoco podrá entregarse libremente a su pareja.

Segundo: La castidad evita los reduccionismos. ¿Recuerdas la exposición del hombre como espíritu encarnado? Pues la castidad evita reducir nuestra totalidad como personas a solo una parte, especialmente a solo cuerpo. Ella invita a respetar nuestra condición dual de espíritus encarnados. Para ver el verdadero valor de la castidad es necesario regresar a la visión integral de nuestra persona como unidad de cuerpo y alma, y no volver a los reduccionismos. La castidad nos recuerda a nosotros y a los demás que no somos solo nuestro cuerpo, que no somos objetos de placer, sino que somos un espíritu con afectos, emociones, sentimientos, necesidades y un deseo inmenso de amar y ser amado. El problema de la desvalorización de la castidad tiene que ver con que vemos a las personas solo como cuerpos que suscitan y satisfacen placeres. La virtud de la castidad es un hábito para el cuerpo y el alma, y así como implica trabajo y esfuerzo de ambas partes, también premia y fortalece a ambas. La castidad nos revela el inmenso valor de nuestro cuerpo y de nuestra alma.

Tercero: La castidad nos ayuda a contextualizar el impulso y deseo sexual. Un problema que se presenta en la relación sexual es que tendemos a absolutizar en ella el valor sensual, dejando de lado toda la carga de interioridad que tal acto lleva consigo. En relación a la sexualidad San Juan Pablo II hablaba de aquella realidad en la que el hombre busca el sexo sólo para apagar su deseo, sin tener en cuenta a la otra persona. Una vez que ha obtenido el placer que deseaba, pierde todo interés por el otro hasta que lo vuelva a desear. Y así va como una cadena infinita, como ciertos animales que viven escondidos en sus cuevas y solo salen cuando el hambre les impulsa a salir. Entonces salen, comen y regresan a dormir hasta que el hambre vuelve a llegar.

La castidad es para amar, no es una amputación del amor.

La castidad nos indica el lugar que tienen el impulso y el placer sexual en el amplio horizonte de nuestra vida y en el campo del amor. Y, aunque el impulso y el placer sexual sean buenos, no pueden ser el motor que mueva todo nuestro existir ni el eje sobre el que gire nuestra vida. Nuestro motor deber ser el amor. Karol Wojtyla dice:

Sólo el hombre libre puede ser casto, y solo quien es casto puede amar sin medida.

«Solo el amor hecho virtud puede responder a las exigencias objetivas de la norma personalista que exige que la persona sea amada y no admite, de ninguna manera, que sea objeto de placer»[39]. La castidad nos permite subordinar el impulso y placer sexual al amor. Este punto nos va a ayudar a entender más adelante por qué es posible verdaderamente amar a alguien y no necesariamente tener relaciones sexuales con él o ella. Por esta razón, decir que la castidad daña al amor y a la libertad, que los reprime, que los niega, es caer en el espejismo de una concepción reduccionista del amor y de la libertad. La sensualidad y el placer tienen un lugar específico y bueno dentro de la relación sexual. La castidad es la virtud que permite concederle a estos valores su justo lugar en una relación de amor entre personas. Sólo el hombre libre puede ser casto, y solo quien es casto puede amar sin medida.

Hablar de castidad no es solo hablar de sexo, sino, sobre todo, es hablar de amor. Solo el amor puede dotar de sentido, significado y valor a la vivencia de la castidad.

Cuarto: La castidad es valiosa porque es el cofre que protege al amor verdadero. Hablar de castidad no es solo hablar de sexo, sino, sobre todo, es hablar de amor. Solo el amor puede dotar de sentido, significado y valor a la vivencia de la castidad. Todo el que busca el amor verdadero indirectamente busca también la castidad, pues solo esta protege el amor verdadero, el amor desinteresado, fiel, generoso y sacrificado. El amor, para el ser humano, no se encuentra fuera del cofre de la castidad. Hablar de la castidad como cofre no es querer reducir el amor a cortas medidas, sino que se pone esta imagen para resaltar cómo un cofre custodia lo más sagrado y valioso que alguien tiene. No reducimos el amor a la castidad, pero sí tendemos a reducir el amor al placer sensual. Por ejemplo, si te digo "hacer el amor", seguramente pensarás en muchas cosas menos en el amor. Con estas palabras se traen a la mente lugares, personas, olores y más allá, la excitación, el placer, el bienestar que proporciona el acto sexual, pero nada más.

Hoy muchos aman el sexo, pero pocos aman a alguien. Tú puedes amar el sexo, pero el sexo nunca te amará a ti. Solo las personas aman y son amadas.

El amor, así entendido, es precisamente a lo que la virtud de la castidad se opone, pues un amor que se concibe de este modo tiene por fin la satisfacción personal y no el bien de la pareja. Como vimos antes, aquello que se opone a una virtud se llama vicio, y en lugar de perfeccionarnos, nos deforma o lesiona nuestras capacidades reales. Por esto se entiende que la persona que no cultiva la castidad difícilmente podrá amar y ser amada, porque el objeto de su amor deja de ser una persona y se convierte en un acto, en un placer instantáneo desprovisto de un sentido profundo. Hoy parece que para muchos hacer el amor es buscar un acto de placer, no una persona con la cual compartir todo lo que se es y se tiene.

Hoy muchos aman el sexo, pero pocos aman a alguien. Tú puedes amar el sexo, pero el sexo nunca te amará a ti. Solo las personas aman y son amadas.

La castidad, dice Karol Wojtyla, es «la transparencia de la interioridad, sin la cual el amor no es amor y no lo será hasta que el deseo de gozar esté subordinado a la disposición de amar en todas las circunstancias»[40]. Por lo tanto, el hombre casto no es un estoico que niega el valor del placer, sino que es una persona que ha logrado ya una cierta posesión de sí misma que le permite hacer un regalo de sí mismo a la persona amada. En ocasiones este regalo podrá ser expresado por medio de la relación sexual, como una manifestación del don de sí mismo, mientras que en otras, este donarse tendrá que manifestarse en la abstinencia de la relación sexual por el bien del amado, encontrando otras muchas formas para expresarse. La castidad no puede reducirse a la abstinencia, siendo esta solo una de sus partes integrantes. Es precisamente en esta reducción donde radica el valor negativo que la virtud de la castidad ha adquirido con el tiempo, al respecto Karol Wojtyla comenta: «La castidad verdadera no puede conducir al menosprecio del cuerpo ni al desprecio del matrimonio y la vida sexual. Semejante descrédito es el resultado de una castidad falseada, hasta cierto punto hipócrita [...] No se puede reconocer ni experimentar plenamente el valor del cuerpo y el sexo más que a condición de haber realzado estos valores al nivel del valor de la persona. Y esto, precisamente, esencial y característico de la castidad. De modo que únicamente un hombre y una mujer castos serán capaces de experimentar un verdadero amor»[41].

En síntesis: El verdadero significado de la castidad y su valor más íntimo es su relación con el amor. La castidad es para amar, no es una amputación del amor. La castidad nos hace personas libres y dueñas de nosotros mismos, capaces de poder entregarnos a los demás y recibirles como lo que somos, personas compuestas de un cuerpo y un alma valiosísimos y que significan todo lo que somos y tenemos. La castidad nos permite posicionar correctamente la atracción sexual, el impulso, el deseo y el placer sensual en el vasto campo del amor. Entonces sí es buena y positiva la castidad, porque defiende el valor de tu persona, te libera de la esclavitud de tus impulsos y te ayuda a dar y recibir un amor auténtico.

La castidad nos permite subordinar el impulso y placer sexual al amor.

II
¿Me quieres a mí o a mi cuerpo?
El pudor y su rol en la relación sexual

Hablemos ahora de otra virtud para seguir entendiendo el valor precioso de la relación sexual: el pudor. Esta virtud tiene un presupuesto: tu vida interior, tu vida entera dotada de un valor único y especial. El pudor, en palabras sencillas, es la distancia que exiges a los demás para que no invadan tus espacios vitales. Con espacios vitales me refiero a partes del cuerpo que nadie sino solo tú deberías tocar, o conocer cosas personales de tu familia o de tu historia que nadie tiene que saber. El pudor tiene que ver con tu intimidad. Esta intimidad puede ser corporal o espiritual. En cuanto corporal, reconoces que ciertas partes de tu cuerpo son de carácter íntimo y por lo tanto no pueden ser vistas, tocadas ni menos usadas por cualquiera. En cuanto espiritual, eres consciente de que ciertos temas o conversaciones son también de carácter íntimo y por ello no se pueden mantener con cualquier persona.

Profundizando un poco más, la esencia del pudor es «la tendencia a ocultar los valores sexuales mismos, sobre todo en la medida en que en la conciencia de una persona constituyen un objeto de placer»[42]. La pregunta que nos interesa de fondo es: ¿Qué valor tiene el pudor de cara a la relación sexual?[43] Sabemos que la relación sexual no solo implica el cuerpo, sino que toca a toda la persona: su alma, emociones, sentimientos, pasiones, necesidades y carencias. Sin embargo, quiero centrarme especialmente en la reflexión sobre el pudor del cuerpo. No olvides que el cuerpo es manifestación de todo nuestro ser personal, por ello jamás se quebranta el pudor del cuerpo sin tocar también el alma. Renunciar al pudor corporal es, en cierto modo, renunciar al pudor del alma. Aunque pueda ser un ejemplo fuerte, este es el motivo por el que un abuso sexual o una violación no es algo que toca solo al cuerpo, sino que hiere el alma hasta lo más profundo. El cuerpo puede sanar esas heridas, pero sanar el alma implica mayor tiempo y cuidado, y no siempre se logra del todo.

El pudor está estrechamente ligado a aquellas partes del cuerpo a las que otorgamos un valor de intimidad por lo que significan para nosotros. He ahí la importancia del vestirse con dignidad, pues esto revela mucho sobre el valor que cada persona se da a sí misma. No podemos reducir el pudor al simple hecho de cubrir las partes íntimas de la vista de los demás. Si así lo hiciéramos, inmediatamente me podrías objetar que en muchos pueblos y culturas algunas de estas partes físicas no se cubren y no por ello caen en el impudor. «El pudor no se identifica de manera simplista con el empleo de vestidos ni el impudor, con la desnudez parcial o integral. [...] Todo lo que puede constatarse es que la tendencia a disimular [las] partes sexuales va asociada con el pudor pero no constituye su esencia»[44]. Por eso es conveniente que ahondemos más en esta virtud.

El pudor no busca ocultar ciertas partes del cuerpo porque sean malas.

Es importante que entiendas que lo que se busca proteger con el pudor son los valores sexuales, que son sumamente buenos, y que se ocultan de quien pueda considerarlos objeto de placer olvidándose de ver en el otro su totalidad, es decir, toda su persona. El pudor no busca ocultar ciertas partes del cuerpo porque sean malas. El cuerpo en sí es hermoso, es creado por Dios. Precisamente porque son buenas, el pudor busca protegerlas como a un tesoro que quiere reservar para una persona que no solo lo gozará, sino que a su vez ofrecerá el propio para poder vivir en una comunión total de personas.

Precisamente porque son buenas, el pudor busca protegerlas como a un tesoro.

Para entender mejor el pudor podemos relacionarlo con la vergüenza. Esta aparece en nuestra vida cuando queda al descubierto algo que debería permanecer oculto. La vergüenza nos llega, por ejemplo, cuando dicen en público alguno de nuestros errores o defectos, o los problemas de nuestra familia, o cuando accidentalmente nos ven desnudos. Podemos hablar de vergüenza o pudor con una connotación negativa y otra positiva.

No soy objeto de placer

Visión negativa del pudor

El pudor tiene una dimensión negativa, en cuanto que constituye una defensa para custodiar lo más preciado que se tiene. Es como el escudo que te protege de ser mirado, tocado o usado como objeto de placer. Ninguna persona se realiza aceptando ser solo un instrumento con el que los demás puedan satisfacer sus bajos deseos de placer sensual. El pudor es la reacción natural de protegerse ante quien puede vernos como simples objetos, no como personas.

Todos reconocemos en lo más hondo de nuestro ser, aunque a veces solo de modo inconsciente, que la relación sexual es un encuentro entre personas y está llamado a ser un evento de comunión total. Sentimos una profunda repulsión ante la idea de ser utilizados como cosas, un juguete con el cual se puede pasar un tiempo agradable o una noche divertida. En resumen, «la necesidad espontánea de encubrir los valores sexuales es una manera natural de permitir que se descubran los valores de la misma persona»[45]. Pero, ¿se siente siempre esa vergüenza protectora? No, en algunos momentos se deja de sentir esa vergüenza con algunas personas. Para entender este fenómeno tenemos que ver primero la dimensión positiva del pudor.

Soy objeto de amor

Visión positiva del pudor

Encubrir ciertos valores permite descubrir otros más escondidos y valiosos. En positivo el pudor consiste en la manifestación del valor que poseemos como personas, nos revela la verdad de lo que somos: seres para el amor, no para el placer. El pudor hace patente que eres una persona digna de amor, no objeto de placer. Abre nuestros horizontes a vernos y a ver a los demás con ojos distintos. Es una muestra del deseo de amar y ser amado correctamente. Si veíamos antes que la castidad es el cofre que protege el amor, el pudor es la llave que abre y cierra tal cofre, permitiendo que solo pueda ser abierto por quien nosotros queramos y cuando queramos.

El pudor otorga otra pieza más al rompecabezas del acto sexual para verlo en su conjunto con estupor y maravilla. Nos ayuda a reconocer en el otro quién es y no solo qué tiene; a mirarnos y mirar con totalidad, con dignidad, con valor, como personas dignas de amor y respeto. Con estas reflexiones sobre el pudor surge la pregunta que nos planteamos antes: ¿Cómo manifestar el amor entre personas por medio de la relación sexual sin sentir vergüenza o pudor, y logrando experimentar la plenitud de dicho acto?

El pudor nos ayuda a reconocer en el otro quién es y no solo qué tiene.

Es importante que entiendas que la relación sexual es una expresión concreta del amor entre un hombre y una mujer que han decidido entregarse de una manera total, y por eso está reservada al matrimonio, es decir, no puede ser un acto meramente casual o momentáneo[46]. Si no existe esta exclusividad el pudor pierde todo su sentido, pues es como entregar el cofre a cualquier estafador que endulzó tu oído con prome-

sas de ganancia. Tu tesoro es tan valioso que solo puede ser correspondido con la exclusividad de otro tesoro igual.
En el matrimonio, el amor y la exclusividad logran absorber la vergüenza producida por el pudor. La vergüenza «es absorbida por el amor, de manera que el hombre y la mujer dejan de sentirla en sus relaciones sexuales»[47]. Esta absorción consiste en salvaguardar el amor en la relación sexual, pues como ya hemos visto en repetidas ocasiones, la persona no tolera la idea de ser usada como objeto. Por ello la vergüenza funciona siempre como una forma de defensa contra semejante actitud, pero desaparece en el momento en que la amenaza de ser tratado como objeto deja de existir y se desvanece por la fuerza del amor. En el amor, la vergüenza pierde su razón de ser. «Solo el amor verdadero [...] es capaz de absorber la vergüenza»[48].

En el amor, la vergüenza pierde su razón de ser.

Hay dos formas de perder la vergüenza o el pudor, una como virtud, por la cual los esposos se entregan por amor totalmente sin reservar ninguna parte de su cuerpo ni de su alma; y otra como vicio, por la cual ya no importa tener partes reservadas a esa única persona que pueda custodiarlas para siempre, sino que dejo de sentir vergüenza y pudor entregando las llaves del cofre a todos los que quieran abrirlo. Por la virtud del pudor reservo esa llave a la única persona a la que me quiero entregar; por el vicio del impudor, saco muchas copias de la llave para que todos puedan abrir y cerrar cuando quieran.

En síntesis: El pudor te ayuda a defenderte de las miradas, palabras y tocamientos invasivos sugeridos por la lujuria. Además, te muestra el deseo de amar y ser amado como lo que eres: una persona y no un objeto. Abre también la posibilidad de darte y recibir el amor de quien tú quieras. Por último, el pudor o la vergüenza quedan absorbidos por el amor. Los esposos dejan de sentir vergüenza de su intimidad ya que han encontrado en el otro el amor de su vida, asegurado siempre con un compromiso estable que es el matrimonio.

El pudor te muestra que en la relación sexual entra tu persona entera que desea el amor y no solo el placer, que detrás de ti hay un mundo valioso que no todos pueden tocar y poseer, usufructuar y disponer como les venga en gana. El pudor te hace rescatar la importancia de que la relación sexual se dé dentro de los márgenes adecuados. Te recuerda que no se puede solo querer el cuerpo; hay que querer a la persona entera también en la relación sexual, pues no se trata de un simple acto de tu cuerpo, sino de toda tu persona.

III
¿Se puede realmente vivir sin sexo?
La virtud de la continencia

Últimamente me ha tocado escuchar cada vez más frases como: "es imposible vivir sin sexo", "los curas deberían casarse, así no habría tantos abusos", "yo me casé para tener sexo y encima me dicen que tengo que aguantarme en algunos momentos", "las personas que no tienen relaciones sexuales son normalmente más amargadas", "abstenerte por mucho tiempo de relaciones sexuales puede ser dañino para tu salud"... En fin, te podría decir muchas más, pero ahora quiero que te preguntes honestamente si crees que todo eso sea verdad después de haber estudiado la virtud de la castidad como algo positivo y como manifestación del amor auténtico. Te invito a seguir eliminando todos estos prejuicios, partiendo del hecho de que la continencia es una virtud que te perfecciona y te hace una mejor persona. Conviene entonces, que conozcas esta virtud y aprendas a vivirla según tu propia condición.

Muchas veces identificamos la castidad con la continencia, pero esto no es correcto. Las dos son herramientas para vivir una sexualidad integrada en el amor según tu estado de vida. La continencia es uno de los modos concretos de vivir la castidad y se refiere a la abstención de las relaciones sexuales de manera definitiva o temporal. La vivencia de la continencia, en cuanto especificación de la castidad, está estrechamente ligada al propio estado de vida. Por ello haremos una reflexión en tres etapas que corresponden a los tres estados de vida comúnmente reconocidos: la soltería (que también puede ilustrarnos la época del noviazgo), el matrimonio y la vida consagrada a Dios.

¿Puedo tener relaciones sexuales antes del matrimonio?

La continencia prematrimonial

¿Se puede tener relaciones sexuales antes del matrimonio? ¿Por qué sí o por qué no? Vamos a responder esto con calma, porque siendo un tema tan importante no vale la pena que escuches las respuestas de siempre.

Ya sabes que la capacidad de abstenerte de los impulsos sexuales es propia de tu racionalidad que sabe reconocer valores más nobles que la mera satisfacción sensitiva. En cuanto racional, eres capaz de subordinar tus deseos sensuales a principios morales. Por ejemplo, te quieres quedar en la cama porque tienes sueño (deseo sensual), pero tienes que llegar a la universidad porque tienes examen (principio moral). Si esto no fuera así, las pasiones gobernarían siempre nuestro comportamiento y no se podría hablar de la virtud, te quedarías siempre en la cama y no podrías nunca terminar la universidad. En lo que se refiere a la relación sexual, no basta la práctica de la virtud, si esta no te lleva al amor. Si no se toma en cuenta la vocación universal del hombre al amor, la práctica de la abstinencia sexual por sí misma carecería de sentido y podría causar incluso trastornos psicológicos. Esta sería una visión reduccionista del valor de la continencia, una imagen equivocada, concebida como una negación de la sexualidad basada en la represión, la inhibición, el desprecio y el rechazo del valor sexual.[49] Muchos de los que dicen frases como las que vimos al inicio, conciben la virtud de la continencia de este modo.

La verdadera perfección de tu sexualidad no viene principalmente por la práctica de la continencia, sino por la vivencia del amor.

Lo que te quiero decir es que la verdadera perfección de tu sexualidad no viene principalmente por la práctica de la continencia, sino por la vivencia del amor. "Pero si hay amor entre mi novio y yo, entonces, ¿podemos tener relaciones?", vamos a ver qué entiendes por "amor", porque creo que es ahí donde podemos confundirlo todo. Vivimos en una cultura de lo inmediato: *fast food*, Amazon, Uber... lo quieres, lo tienes. Sin esfuerzo, sin esperar, sin merecer. A veces queremos que también nuestras relaciones humanas sean así, pero nadie hace un mejor amigo en una noche. Nadie empieza un negocio con el primero que encontró en el antro. Ninguno debería meter en su cuarto al primer tipo o tipa que se encuentra.

Los que han corrido un maratón entienden el valor del esfuerzo y la espera. Los que han subido una montaña saben que la cima hace que tenga sentido el sudor del camino. Los que han seguido una dieta con rigor y ven los resultados entienden que valió la pena esperar... Si en todas estas cosas tan poco trascendentales podemos reconocer y valorar la espera, ¿por qué no somos capaces de hacerlo en el amor? ¿Por qué no puedo esperar a la persona indicada para entregarme a ella de una manera total?

La objeción más común que presentan los que no están dispuestos a esperar hasta el matrimonio para tener relaciones, es que cada uno es dueño de su propio cuerpo y por eso tienen derecho de entregarlo a quien ellos crean conveniente, cuando, donde y como quieran; llegan incluso a exigir este "derecho" bajo el pretexto del "amor". Así como logras "esperar" para ganar maratones, subir montañas y hacer dietas, porque entiendes el valor que buscas, así también esperar hasta el matrimonio para tener relaciones sexuales debe presuponer un entendimiento real y profundo de tu persona, tu valor absoluto y tu vocación al amor en cuanto donación total del don de sí.

La relación sexual es una de las expresiones del amor entre dos personas, pero no la única. Está estrictamente reservada para el matrimonio por ser este la única institución capaz de salvaguardar toda la verdad de las personas en su entrega[50]. «Cuando se entregan mutuamente en la convivencia sexual,

Quien no es capaz de asumir la responsabilidad que el acto sexual supone, no puede simplemente usufructuar el placer que este genera.

tal entrega solo tiene plena garantía, responde a la verdad del amor y garantiza mutuamente la dignidad de la persona, cuando tanto la mujer como el hombre lo realizan como cónyuges, como mujer y marido»[51]. La relación sexual fuera del contexto de la donación puede ser una expresión más de uso que de amor. Por su naturaleza, la relación sexual presupone ciertos elementos necesarios para que pueda ser vivida con plenitud;[52] dicha combinación de elementos solo puede ser garantizada por el matrimonio. Por lo tanto, quien no es capaz de asumir la responsabilidad que el acto sexual supone, no puede simplemente usufructuar el placer que este genera.

Otro elemento que te puede ayudar a reflexionar sobre la importancia de "esperar" es el valor que otorgas a tu propia persona como un futuro don para otro. En este sentido, la continencia te prepara para la donación total tu persona. ¿Quién querría casarse con una persona que no puede decir no al sexo? Si no puedes decir que "no", tu "sí" no significa nada; la continencia más que ser un "no" al sexo, es un "sí" al amor. Es a partir de este valor de la donación que se puede entender la virginidad como un precioso tesoro reservado para esa única persona que es capaz también de prometerte

Si no puedes decir que "no", tu "sí" no significa nada; la continencia más que ser un "no" al sexo, es un "sí" al amor.

su totalidad. El regalo más grande que le puedes hacer a una persona que amas es el regalo de tu persona. «La virginidad [...] cuando se regala a la persona adecuada en el momento oportuno, no se pierde, se entrega, que es distinto y entonces se realiza su valor. La virginidad es para la entrega»[53]. Solo a partir del amor entendido desde una visión integral se puede entender el valor y la exigencia de la continencia habitual en la vida prematrimonial y el noviazgo. «La entrega corporal es la expresión concreta de un amor específico: el amor conyugal. No todo el mundo tiene la llamada a entregarse así para cumplir la vocación al amor que todos llevamos escrita como necesidad vital»[54].

Otro motivo por el cual las relaciones sexuales prematrimoniales son incorrectas e incluso dañinas para las personas y su comunión es que con ellas se manifiesta una mentira. Al tenerlas fuera del matrimonio no son expresión de una donación total de las personas, garantizada y protegida por las promesas matrimoniales. Por su misma esencia, la relación sexual implica una totalidad, la cual está siendo negada por parte del hombre y de la mujer que se prometen solo un momento: "mientras dure esta relación sexual; después veremos si funciona". «Ambos, el hombre y la mujer no han constituido todavía en sí mismos y mediante ellos mismos la situación objetiva de un estado tal que el acto sexual, que pertenece a la esencia de su matrimonio, se pueda realizar con plena garantía»[55]. En el

Nadie puede renovar unos votos que no ha prometido.

matrimonio se hacen unos votos mutuos de fidelidad y totalidad, que posteriormente tendrán una de sus expresiones, a modo de renovación, en la relación sexual. Nadie puede renovar unos votos que no ha prometido. A la luz de esto, se puede decir que fuera del matrimonio la relación sexual es una mentira, la expresión de una donación falsa, insincera, que no respeta la condición del amor verdadero, y sobre todo el valor de cada una de las personas.

Si estoy casado, ¿ya no tengo que abstenerme o sí?

La continencia en la vida matrimonial

Acabamos de afirmar que la relación sexual es una expresión concreta del amor conyugal. Es más, es también un derecho de los amantes. Entonces, ¿qué sentido tiene hablar de la continencia en la vida matrimonial? Se podría pensar que una vez casado se puede tener relaciones sexuales siempre. ¿Es esto cierto? ¿Qué pasa cuando la mujer o el hombre se enferman y quedan impedidos para tener relaciones por un tiempo o incluso de manera definitiva? ¿O qué hacer cuando uno de los dos no lo quiere “hacer” en ese momento? ¿O cuando han decidido no tener más hijos por un tiempo o de manera definitiva por una razón justa? Hablar de la necesidad de vivir la continencia también en el matrimonio tiene un sentido muy práctico: el hecho de que existen momentos que la exigen por diversos motivos.

Hay ocasiones en el matrimonio en que las relaciones sexuales se ven truncadas por diversos motivos, dígase de tipo físico, biológico, psicológico, emocional, circunstancias de trabajo e incluso la educación de los hijos. Todos estos son elementos por considerar al momento de tener relaciones sexuales dentro del matrimonio. La relación sexual no es algo que se puede "exigir", sino que es siempre un acto de donación libre. Esto implica que habrá ocasiones en que uno de los cónyuges no se encuentra en la mejor disposición para tal acto y por ello es importante haber aprendido durante el noviazgo otras formas de expresar el amor que no sea la relación sexual, como puede ser ir al cine, salir a comer juntos, ejercicio físico, clases de baile, regalos y sorpresas... En fin, hay que ser creativos en las diversas posibilidades de manifestar el amor. Por otro lado, también se debe ser consciente de que donarse implica salir de sí mismo y por ello puede ser de gran valor el que, aunque no se encuentre alguno de los dos en el mejor momento, sepa sacrificarse por el bien del otro. Por eso el noviazgo es un periodo de discernimiento y profundo conocimiento personal y de tu pareja.

Hay que ser creativos en las diversas posibilidades de manifestar el amor.

Es falsa la idea de que una vez casado se puede dar rienda suelta al impulso sexual. Pensar de esta manera puede hacerte caer en las diversas formas de esclavitud que ya vimos al hablar de los impulsos. El matrimonio no es la solución a los desórdenes sexuales que se puedan traer de antes. Más bien constituye una escuela en la que se sigue aprendiendo el dominio de los impulsos sensuales, el amor verdadero y el valor de la persona por lo que es y no por lo que hace o aporta.

¿Se puede vivir sin tener relaciones sexuales?

La continencia consagrada

Te apuesto a que lo primero que se te vino a la mente cuando hablábamos de la continencia fueron los "pobres" curas y monjas que "no pueden" gozar del sexo. Y en algo tienes razón, pues efectivamente ellos están llamados a vivir una vida célibe, es decir, sin relaciones sexuales; pero te equivocas en pensar en ellos como "pobres" o "incompletos", porque la plenitud y felicidad te la da el amor, no el sexo. Como vimos antes, la relación sexual es solo una manifestación del amor, propia de un contexto concreto: el matrimonio. El hombre no está hecho para el sexo, sino para el amor. Ellos están llamados a la vivencia de la continencia por el servicio a la comunidad y el Reino de los cielos, siempre en el contexto de la castidad, es decir, en el contexto del amor.

La continencia consagrada se entiende y se justifica solo en Jesucristo, modelo por excelencia de la plenitud del amor esponsal, quien se entregó totalmente en cuerpo y alma por su esposa la Iglesia[56], y que por esta entrega total se convierte en modelo de amor para quien abraza, a imitación suya, el celibato por amor a Dios y a la Iglesia. Quien acoge libremente el celibato no renuncia al amor humano, sino que, en Jesucristo, lo sublima para amar a todos de una manera total, amor que produce una «fecundidad sobrenatural del espíritu humano»[57].

Quien acoge libremente el celibato no renuncia al amor humano, sino que, en Jesucristo, lo sublima para amar a todos de una manera total.

La persona que ha respondido libremente a este llamado reconoce, en primer lugar, la bondad del matrimonio, pues prefiere el celibato no porque el matrimonio sea malo, sino porque la virginidad es un don especial de Dios que permite vivir «una nueva e incluso aún más plena forma de comunión intersubjetiva con los otros»[58]. En segundo lugar, el consagrado reconoce que sólo en Dios se puede encontrar la plenitud del amor puesto que «el significado esponsalicio del cuerpo no se agota en el matrimonio y la procreación, sino que la unión del hombre y la mujer queda siempre abierta a una comunión más profunda donde la persona alcanza su verdadera plenitud, que es la comunión con Dios»[59]. En tercer lugar, hay que responder a aquellos que afirman que abstenerse de las relaciones sexuales crea desórdenes, incluso físicos y psíquicos, en los consagrados. En realidad, abstenerse del acto sexual no daña el cuerpo ni le impide su desarrollo natural. De hecho, el sexo no es un impulso como el comer o el beber, que están ligados con la supervivencia del individuo. Muchos han muerto de hambre y sed, pero hasta la fecha no se sabe de ninguno que haya muerto por no tener relaciones sexuales. El mismo cuerpo es tan perfecto que tiene sus formas de expulsar naturalmente las sustancias propias para la fecundación, y la ayuda del deporte, del trabajo, de las relaciones interpersonales profundas y sanas, y de la oración permiten el dominio del impulso sexual al igual que los solteros. El consagrado no ofrece el impulso sólo para conservar la virginidad y poderla ofrecer como un don a otra persona, sino que se la ofrece de manera definitiva al Dios-Amor, autor y garante de toda plenitud y felicidad humana.

Se equivocan los que afirman que la relación sexual es una necesidad vital del hombre, yo mismo he optado por este camino para vivir mi vocación al amor, y no sólo me siento saludable y feliz, sino también lleno de amor para entregar. También se equivocan los que piensan que no tener sexo genera daños mentales o emocionales. Esto sí podría pasar cuando se vive la continencia como una represión y no como un don, como una vocación al amor universal. ¿Te acuerdas cuando te dije que existen personas continentes pero que no son castas? Estas viven la continencia, pero no como especificación y demostración del amor y, además, son las que terminan por dar un mal ejemplo de la vida consagrada y originan los prejuicios de los que te hablé al inicio.

La persona consagrada que vive la continencia está invitada a vivir un amor más universal, más puro y desinteresado, más fiel y total. Está, en cierta medida, llamada a representar el amor de los padres que se entregan por sus hijos, de la Iglesia que a través de sus pastores cuida a sus ovejas. Ellos pueden incluso ser imagen del amor de Dios para cada persona que encuentran. El consagrado, al no estar limitado a la exclusividad del amor conyugal, puede y debe amar a sus hermanos con un amor libre, total, universal y fecundo, realizando así su vocación al amor y a la plenitud de su vida.

CAPÍTULO IV

Si me prometes todo, ¡dámelo todo!

Aspectos constitutivos de la relación sexual

"Si quieres ser amada mañana,
aprende a amar en orden desde hoy".
San Juan Crisóstomo

"Un matrimonio no tiene éxito sólo si dura,
es importante su calidad".
Papa Francisco

"Nuestro cuerpo nos permite
convertirnos en don para
los demás en el amor".
San Juan Pablo II

I
¿Quién o qué determina lo que es bueno y lo que es malo?
Moralidad y finalidad

Llegamos al momento más importante, más hermoso, pero más difícil de nuestro recorrido. Importante, porque de esto se trata el libro, de que puedas descubrir la esencia de la relación sexual, su verdadero significado y su valor. Hermoso, porque te asomarás a la belleza del acto sexual cuando se vive en plenitud. Difícil, porque tendremos que hablar sobre moralidad y hoy esa palabra ("moral") no está de moda ni es bien recibida por muchos; los entiendo, pues muchas personas nos han hecho creer que la moralidad es una limitación de nuestra libertad, algo que nos atrapa, asfixia y no nos deja ser "yo mismo".

Cuando hablamos de actos sexuales, hablamos de actos humanos y, por lo tanto, de actos morales. Sólo el hombre hace actos "buenos" o "malos". Los animales también actúan, pero estrictamente hablando, su actuar no puede ser ni "bueno" ni "malo" porque las condiciones para que exista la moralidad de los actos son la racionalidad y la libertad. La racionalidad, nos permite reconocer la finalidad a la que el acto está dirigida y por medio de la libertad decido actuar según el fin o en contradicción con este.

Para entender mejor el tema de la moralidad, vamos a analizar rápidamente la relación que existe entre el "bien" y el "fin" en un determinado acto. Comenzamos analizando el bien en las cosas, para encontrar un criterio que nos ayude a juzgar la cualidad moral de una determinada realidad, partiendo de un dato objetivo, es decir, de las cosas mismas y no desde nuestra opinión. Esto nos será de gran ayuda para superar un criterio subjetivista de la verdad, y en consecuencia, también de la moral que desemboca en el relativismo expresado en frases como: "para mí esto es bueno", "yo creo que es así", "yo tengo mi verdad y tú tienes la tuya", "para él eso es lo correcto"...

El lenguaje cotidiano nos revela que somos capaces de emitir juicios de cualidad. En nuestro día a día atribuimos muchas veces la palabra "bien" o "bueno" a las cosas, por ejemplo: "esa manzana está buena", "acabo de leer un buen libro", "me compré una navaja buenísima", "tengo un buen amigo", "hoy estoy muy bien", "mi novio es una buena persona"... Esto es posible gracias a la experiencia inmediata de la realidad que nos permite reconocer una normalidad[60] en las cosas que se presentan. Por lo general, las cosas se manifiestan en un mismo modo. Esto permite distinguir una norma (de ahí viene la "normalidad") que sirve como regla para medir o referir las cosas según un "parámetro" adecuado. Una manzana "buena" normalmente es roja, dulce y jugosa, por ello, si en la frutería encuentro

La normalidad es un criterio de cómo son y cómo deben ser las cosas.

una manzana negra, seca y desabrida, esta no cumple con la medida de una "buena" manzana. Una "buena" navaja normalmente corta, por lo que una navaja que no corta puede ser juzgada como una "mala" navaja. Lo mismo pasa con el amigo que normalmente es fiel e incondicional en todo momento, y efectivamente si nos acompaña aún en momentos de dificultad lo consideramos con razón "un buen amigo". Por lo tanto, la normalidad es una regla o deber natural, en otras palabras, es un criterio de cómo son y cómo deben ser las cosas. Esta normalidad es la que nos permite juzgar las cosas como buenas o malas, pues contamos en la norma con un "modelo perfecto". Entre más se conforman con él, son más perfectas o buenas.

Tenemos que distinguir entre el criterio de la normalidad y el de la "mayoría". Aunque la "mayoría" de las navajas no cortaran, esto no haría de todas ellas "buenas navajas". Una navaja debe cortar para ser aquello que está llamada a ser. La normalidad se fundamenta en la verdad del ser de las cosas. La "mayoría", en cambio, se fundamenta en la verdad que brota de la estadística o de las opiniones.

Demos un paso adelante. Decimos que una cosa es buena cuando tiene la perfección de su propia naturaleza, es decir, cuando tiene aquello que la distingue específicamente de todas las demás cosas. Encontramos así un vínculo entre bien y perfección: el bien propio (mi bien) es aquello que me perfecciona, que me lleva a ser plenamente (perfectamente) lo que estoy llamado a

La perfección de una cosa consiste en realizar su actuar propio en modo perfecto.

ser. La perfección de una cosa consiste en realizar su actuar propio en modo perfecto. Podemos saber si una cosa es perfecta observando cómo actúa. El acto específico que distingue un manzano de todos los demás árboles, es el de producir manzanas. Para que sea perfecto no basta solamente con realizar el acto propio, sino realizarlo perfectamente, lo que equivale a producir buenas manzanas (rojas, jugosas, dulces, etc.). De esta manera, el actuar de cualquier cosa tiene como finalidad realizar el acto propio en modo perfecto. La finalidad de una cosa es ser buena, ser perfecta según su naturaleza, y manifestarlo con sus actos.

Al hablar de finalidad me refiero al fin último o bien supremo de una cosa. Se dice fin último en cuanto que, cuando una cosa llega a la plenitud de su naturaleza, no busca nada más, ya no le falta nada. Esa plenitud se construye día a día mediante actos finalizados hacia bienes particulares, los cuales nos acercan más y más a ese bien supremo. Los fines particulares, como comer, beber, dormir, se subordinan al fin último: vivir. Sin embargo, esta búsqueda de la plenitud implica, la mayor parte de las veces, la realización de actos complejos que conllevan un fin dominante y una serie de fines subordinados al mismo. Esto se ve con claridad en las decisiones más importantes de tu vida, por ejemplo, la decisión por ejercer una profesión o la decisión de casarte. En este último caso, el fin dominante es el matrimonio, pero, para ello, se deben realizar diversos fines particulares tales como la formalización del compromiso, la compra del anillo, la elección de la iglesia, la celebración de la boda, conseguir un hogar para vivir, entre muchos otros.

Si, por un lado, cada acto particular se explica conociendo el fin particular al que tiende (el tomar agua se explica con el fin de saciar la sed), por otro lado, un acto complejo sólo tiene sentido en relación a su fin dominante último. Igualmente sucede si analizamos la totalidad de la vida; esta solo tiene sentido en referencia al fin último o felicidad, que da unidad, orden y sentido al actuar y nos permite entender al sujeto que actúa. De no ser así, todo lo que acontece en la realidad y en nuestra vida se reduce a un cúmulo de actos aislados que se producen mecánicamente, haciendo imposible su comprensión. Para decirlo de otro modo, a la pregunta de "¿por qué un sujeto hace lo que hace?", nosotros respondemos: "porque quiere ser feliz". A la pregunta de "¿por qué quiere ser feliz?", respondemos diciendo: "porque quiere ser perfecto", lo que equivale a "quiere realizar todo el bien del que es capaz; quiere ser plenamente lo que está llamado a ser".

La finalidad determina la bondad o maldad de un acto. Una finalidad es determinada por la naturaleza; la naturaleza viene "dada" o recibida por un creador. A todo esto, le llamamos orden. El hombre no determina arbitrariamente la normalidad o el orden natural, lo descubre con su intelecto, y con su voluntad decide si actuar en consonancia o disonancia

La finalidad determina la bondad o maldad de un acto.

con este. Esto es precisamente lo que hace de los actos humanos objeto de un juicio moral.

Hemos dicho que los actos de los animales no pueden ser juzgados moralmente ya que están privados de racionalidad y libertad. Esto se explica al observar que ellos no comprenden ni eligen seguir el orden natural, simplemente actúan con normalidad, es decir, siguen las leyes de su naturaleza que les obliga a actuar, por lo general, en el mismo modo. Por ejemplo, un manzano no puede negarse a producir manzanas; si no las produce se debe a una causa ajena a él como una sequía, una plaga, etc. Tampoco puede "proponerse" producir peras, pues un propósito no es otra cosa que un fin reflexionado y elegido libremente. La falta de inteligencia no solo le impide reflexionar sobre su fin natural de producir manzanas, sino sobre cualquier otro en tal modo que no puede "proponerse" un fin o bien distinto. Por ello, el fin natural que lo motiva a actuar, inscrito, por decirlo así, en su ADN, dirige todas sus energías inmediata y necesariamente a producirlo, sin tener conciencia de ello.

Entre más virtudes tenga un hombre, más "bueno" es o más "perfecto".

Analicemos ahora el actuar humano. Un hombre se dice "bueno" en cuanto cumple su finalidad, que es la perfección de su naturaleza racional, de lo que hablamos en el primer capítulo. Como vimos, la perfección se manifiesta en la realización del acto propio en modo perfecto. Por consiguiente, no basta actuar únicamente según la inteligencia y la voluntad, sino que es necesario realizar actos inteligentes y libres en modo perfecto. ¿Qué es aquello que puede perfeccionar la naturaleza racional del hombre? Vivir las virtudes morales e intelectuales. Entre más virtudes tenga un hombre, más "bueno" es o más "perfecto".

Ahora nos interesa reflexionar directamente sobre el acto sexual y determinar cuándo es "bueno" y cuando es "malo", porque lo que queremos es aprender a gozar de nuestra sexualidad para vivirla en plenitud. Pero para hacerlo, tenemos que saber: ¿cuál es la finalidad del acto sexual?

II
¿Cuál es el fin del acto sexual?
Finalidad de la relación sexual

Cada acto tiene un fin propio, por ejemplo, como para saciar mi hambre, o me pongo una bufanda para cubrirme del frío, etc. De igual forma, dijimos que existen algunos actos que por su complejidad contienen un fin último, que llamaremos superordinado, y uno o varios fines subordinados. Por ejemplo, el que se toma una medicina tiene como finalidad superordinada su curación, mientras que tomarse las pastillas es una finalidad subordinada, que no se desea por sí misma, sino en función de la finalidad última.

La relación sexual, al ser un acto complejo y cargado de un profundo contenido interior y moral, es decir, cargado de una bondad grandísima, tiene una finalidad última y dos finalidades subordinadas. La finalidad última o superordinada del acto sexual es: la entrega total y recíproca de los amantes. En otras palabras, es una manifestación concreta y a la vez sublime del vínculo realizado en el espíritu: la entrega absoluta que llevó a hacer de los dos una sola carne. La finalidad última de la relación sexual se expresa con la conciencia plena de que en ese acto cada uno reaviva el ofrecimiento del don total de sí mismo al otro, sin reserva alguna. De este bien último o finalidad superordinada se desprenden dos finalidades o bienes subordinados que son: la unión y la procreación. En cada acto sexual se da esta doble dimensión, por un lado, la pareja busca acrecentar y manifestar el vínculo de su amor por medio de la unión esponsal y, por otro lado, cada acto sexual por naturaleza, conlleva una apertura a la procreación.

La distinción entre fin superordinado y fin subordinado tiene como tarea afirmar dos cosas: primero, que el fin superordinado es lo que queremos en sí mismo y, por lo tanto, es lo que nos motiva a realizar todos aquellos fines subordinados sin los cuales resulta parcial o absolutamente imposible su ejecución; y segundo, no podemos hacer de un fin subordinado un fin último. Los fines subordinados no son menos importantes, es más, en algunos casos son la condición necesaria para poder realizar el fin último que se busca alcanzar. Por eso, algunos de los fines subordinados son considerados parte constitutiva del fin superordinado[61].

En el caso de la relación sexual, el fin último, que es la entrega total y recíproca de los amantes, se puede realizar en su plenitud única y exclusivamente si los fines subordinados, unión y procreación, se cumplen.

Ahora tenemos que preguntarnos: ¿los fines subordinados de unión y procreación son constitutivos de la relación sexual o podemos prescindir de uno de ellos o de ambos? La ética señala que los fines subordinados constitutivos no solo realizan el fin último parcialmente, sino que son aspectos sin los cuales no se podría alcanzar el fin último que se persigue. Por constitutivo se entiende un aspecto que pertenece a la esencia de la cosa. Por ejemplo, si se quiere escribir la reseña de una película, ver la película es un aspecto constitutivo para la escritura de dicha reseña. En el caso de la relación sexual, el fin último, que es la entrega total y recíproca de los amantes, se puede realizar en su plenitud única y exclusivamente si los fines subordinados, unión y procreación, se cumplen.

El hombre en cuanto espíritu encarnado, supera infinitamente la realidad material o biológica. Al estar dotado de autoconciencia y autodeterminación, es capaz de ser "señor de sí mismo"; a nivel intelectual sabe que es un "yo" y a nivel de la voluntad actúa como un "yo libre". El sentido de ser inteligente y libre no es otro que el de poder elevar toda su "animalidad" mediante su "racionalidad". Por lo tanto, todo lo que pertenece al mundo de los seres naturales, en el hombre adquiere un valor y un significado personal. Por eso no podemos reducir el acto sexual a mera procreación, pero tampoco podemos negarla o excluirla; antes bien, debemos dotarla de un valor trascendental y verla como una posibilidad de llevar el amor a sus últimas consecuencias: el amor es siempre desbordante y fecundo. Por otro lado, el acto sexual viene enriquecido con el aspecto unitivo, como veremos inmediatamente, superando la limitación de la relación sexual al coito.

La ausencia de alguno de los elementos constitutivos hace del acto algo imperfecto porque simplemente no se llega al fin último al cual se aspiraba: la promesa de darse totalmente y sin reservas. Al prescindir de la unión o de la procreación, hablamos ya de un acto distinto: ya no es "hacer el amor", sino "tener sexo" (cuando te cierras a la procreación) o "producir hijos" (cuando te cierras al amor de entrega).

Todo lo anterior fue para explicar que la relación sexual tiene una finalidad última, que es la entrega total y recíproca de los amantes; y dos finalidades subordinadas o dos aspectos constitutivos, que son la unión y la procreación. Estos dos aspectos, al ser constitutivos de la esencia de la relación sexual, deberán estar presentes en cada acto para que pueda alcanzar su fin y por tanto para que sea algo bueno, algo hermoso, algo grande.

III
¿Se vale gozar en la relación sexual?
Aspecto unitivo

Separación cuerpo y alma en el acto sexual
= vacío y tristeza

Este primer aspecto constitutivo de la relación sexual se desprende de nuestro carácter interpersonal. Como vimos en el primer capítulo, tenemos una naturaleza relacional, lo que significa que si quieres ser feliz, tienes que aprender a entrar en relación con los demás hombres y mujeres. El tipo de relación que ahora nos interesa es una relación entre un hombre y una mujer, que se realiza en un contexto muy particular: el de la relación sexual.

La relación entre el hombre y la mujer se realiza por medio de su cuerpo. Sólo a través del cuerpo, el hombre puede revelarle a la mujer su interioridad y viceversa. Nuestro cuerpo está constantemente comunicando a los demás: una sonrisa, una cara de disgusto, un gesto de amor, un abrazo, un poema y hasta el silencio mismo son una manifestación física de una realidad espiritual. Todo comunica. Toda expresión del cuerpo está cargada de un significado interior. Los gestos son un lenguaje del cuerpo que manifiestan un lenguaje del alma. Esto es lo que San Juan Pablo II llamaba el lenguaje del cuerpo. Si es verdad que hasta los gestos más banales de nuestra vida cotidiana están cargados de un significado interior, cuánto más se puede decir de los gestos corporales que tienen lugar en la relación sexual.

Todo comunica. Toda expresión del cuerpo está cargada de un significado interior. Los gestos son un lenguaje del cuerpo que manifiestan un lenguaje del alma.

Si el acto sexual está llamado a ser una verdadera expresión del amor entre dos personas y no solo un instrumento de placer, su expresión física tendrá que ir en consonancia con esa profunda verdad interior. Y aquí está verdaderamente la línea que divide la plenitud interior de los amantes del gozo superficial de dos personas que se rebajan a objetos para darse placer. Hay que ser honestos: ninguno de nosotros quiere ser usado por otra persona. Nadie quiere ser el "jale de esta noche". Nadie quiere prestar su cuerpo un rato. Nadie quiere ser un *free*. Y entonces, ¿por qué pasa esto?

Tristemente hemos llegado a creer que no somos dignos de ser amados, que el amor auténtico no existe, que las relaciones no duran para siempre, que ya no se puede confiar en nadie, que el divorcio ya es la norma general, que "si no me entrego a alguien, me quedaré sola", que "si amo, tengo que demostrarlo acostándome con él o con ella", o que el sexo es algo separado del amor. En fin, hemos aceptado las migajas que caen de la mesa, renunciando a participar del banquete que se nos ofrece, por creer que no somos dignos. Pero, ¿qué pasa cuando te crees todas estas mentiras? ¿Qué sientes después de entregarte completamente a una persona y verla salir del cuarto sin saber si volverá? ¿Qué experimentas cuando alguien que vio en ti solo un cuerpo y no una persona te arranca una parte de tu interioridad? Este sentimiento negativo es un signo muy fuerte de un valor afirmativo muy profundo y que deberíamos repetirnos todos los días a nosotros mismos: "Yo no merezco nada menos que el amor. Estoy hecho para amar y ser amado".

"Yo no merezco nada menos que el amor. Estoy hecho para amar y ser amado".

Imagino que ahora te surgen varias preguntas: ¿Es posible realmente garantizar en el acto sexual la verdadera comunión de personas que tanto desea nuestro corazón? ¿Podemos hacer algo para que tal unión vaya más allá de la unión de dos cuerpos y sea la unión de dos corazones? ¿Cómo podemos estar seguros de que esa persona es la indicada para darle algo tan sagrado como mi cuerpo, mi alma y mi persona entera?

La respuesta no es tan sencilla, pero te cuento una anécdota que te puede ayudar a entenderlo. Recuerdo una conferencia en la que el exponente llamó a una joven a que pasara al frente y le preguntó: "¿Cuánto cuesta tu cuerpo?". La chava no supo qué responder, se puso roja y permaneció en silencio. El conferencista le dijo: “Venga, todas las mujeres tienen un precio, dime, ¿cuánto vales?”. Esta vez, la chava se enfadó y le respondió: “Por supuesto que no, mi cuerpo no tiene precio”. El conferencista insistió una vez más diciéndole: “Eso no es verdad, todas tienen un precio, todas entregan su cuerpo a los demás eventualmente, ¿cuánto vale el tuyo?”. A estas alturas ya todos en el auditorio, como probablemente te sientes tú al leer esto, estaban enojados con la pregunta. Así que el conferencista, mirándola a los ojos se puso de rodillas frente a ella, tomó su mano, mientras con la otra mano sacaba un anillo del bolsillo del pantalón, se lo puso en el dedo y le dijo: “Sí tienes un precio. Tu cuerpo sí tiene un precio y es éste. No permitas que NADIE te dé menos por él”. Solo la donación total de otra persona puede “comprar” mi cuerpo. Sólo el matrimonio es capaz de garantizar que no seré usado, porque sólo él garantiza la donación total de la persona. Sólo el amor puede poseer mi cuerpo.

La relación sexual debe ser una expresión de la intimidad de dos personas y no de la lujuria de dos cuerpos. Estamos llamados a una unión tan profunda que produzca no solo un placer momentáneo, sino un éxtasis profundo. Este éxtasis se puede realizar única y plenamente en el matrimonio. No existe nada distinto del matrimonio que garantice

La relación sexual debe ser una expresión de la intimidad de dos personas y no de la lujuria de dos cuerpos.

la totalidad que el acto sexual busca manifestar. Recuerda lo que hablábamos en el segundo capítulo sobre la excitación y la emoción, no existe emoción humana más grande que la del éxtasis de un acto sexual con la persona que compartirás el resto de tu vida, "hasta que la muerte los separe". Por eso, todo acto sexual fuera del matrimonio produce una ruptura de la persona, una división entre el alma y el cuerpo. En lugar de provocar el éxtasis que promete, deja vacío. Sólo el matrimonio protege la relación sexual del uso. Sólo en el matrimonio se puede dar una verdadera unión y comunión de personas en el acto sexual, sólo en el matrimonio se puede gozar de una verdadera explosión de amor auténtico entre un hombre y una mujer, porque sólo ahí se da un acto libre, total, fiel y fecundo.

Unión cuerpo y alma en el acto sexual
= éxtasis y plenitud

Cuando tu cuerpo sí manifiesta los sentimientos del alma y actúa en consonancia con ellos, se produce una gran alegría. Uno de los aspectos constitutivos de la relación sexual en el matrimonio es el aspecto unitivo, que está llamado a ser una fuente de éxtasis y plenitud, de alegría y gozo para los esposos.

Cuando hablamos de los diferentes reduccionismos del impulso sexual, vimos cómo algunas personas negaban el valor del gozo en las relaciones sexuales considerándolo más bien como un mal necesario en función de la procreación. Ahora veremos la verdadera belleza del aspecto unitivo. Al hablar de unión, hablamos de un don que es mucho más profundo que la unión de cuerpos, hablamos también de unión de personas en la lucha, el trabajo, los esfuerzos, los triunfos, el dolor, la alegría... El sexo se convierte entonces en una de esas manifestaciones totales de sus vidas entregadas por amor. Cuando hablamos de unión hablamos de donación, y el ser un don para el otro abarca todos los aspectos de la vida, no solo la unión sexual. Para que la unión de cuerpos sea también unión de almas, es necesario acogerse el uno al otro en la totalidad de su persona. Por esto mismo, el matrimonio tiene esa característica de totalidad, de un "por siempre" o "hasta que la muerte nos separe". Al decir "sí, acepto" comienza una relación de totalidad que abraza a la persona en su integridad. Se abraza su pasado, su presente y su futuro. Si es amor, es por siempre. A nadie le gustaría que le dijeran: "te amaré toda la semana hasta el próximo sábado" o "te prometo que, si te acuestas conmigo, te amaré todo el mes". ¡No! El acto sexual es una manifestación de una unión mucho más profunda. Como afirmaba San Juan Pablo II: "Toda la vida del matrimonio es entrega, pero esto se hace singularmente evidente cuando los esposos, ofreciéndose recíprocamente en el amor, realizan aquel encuentro que hace de los dos «una sola carne»[62]".

Si es amor, es por siempre.

Ese éxtasis que se busca en la relación sexual se experimenta en modo pleno únicamente cuando ese acto viene colmado de su significado más profundo, es decir, cuando el acto es una expresión de la donación del alma a la otra persona, porque así se convierte también en un signo de la comunión espiritual que hay en la pareja. Cuanto más profunda sea esta comunión de almas, más profunda será la comunión de cuerpos y más grande el éxtasis de la unión conyugal[63]. Es a partir de esta visión integral de la persona, alma y cuerpo y todas sus dimensiones, que podemos realmente hablar de una verdadera comunión de amor en el acto sexual.

Cuando la relación sexual es una manifestación del amor entre personas, cuando garantiza la dignidad de la persona y respeta la libertad de la entrega, cuando se da una verdadera comunión de cuerpo y alma, entonces será verdaderamente una fuente de éxtasis para los esposos, a la cual pueden acudir con frecuencia para crecer y acrecentar la comunión y manifestar su deseo de ser una sola carne. Por lo tanto, ¡claro que se vale gozar de la relación sexual! Siempre y cuando se dé en la verdad de la totalidad.

¡Claro que se vale gozar de la relación sexual! Siempre y cuando se dé en la verdad de la totalidad.

IV
¿Y los hijos?
Aspecto procreativo

Separación cuerpo y alma en el acto sexual
= soledad y egoísmo

Ya analizamos el primer aspecto constitutivo de la relación sexual, el unitivo, como manifestación y expresión del amor entre los esposos. Ahora veremos el segundo aspecto: el procreativo.

La palabra procreación, indica la posibilidad biológica de concebir una nueva vida. Decir posibilidad no significa decir actualidad. Por ejemplo, yo puedo tener la posibilidad o capacidad de correr 10 km, pero sólo si los corro y los termino, puedo decir que actualmente los he corrido. ¿Por qué distinguir entre posibilidad y actualidad? Porque lo que quiero que entiendas es que cada acto sexual debe estar abierto a la posibilidad de procrear. Apertura no significa actualidad, sino posibilidad. Es decir, se puede estar abierto a la vida en el acto sexual sin que, de hecho, se produzca un embarazo en cada acto.

Para entender el aspecto procreativo es importante que recuerdes lo que ya vimos sobre el lenguaje del cuerpo: cada gesto del cuerpo revela un gesto del alma, una intención interior. El acto sexual es un gesto corporal que revela una intención interior, por medio de él la pareja "se dice" con el cuerpo: "te amo y te quiero entregar todo lo que soy, sin reservas, todo mi yo es para ti". Pero, ¿qué pasa cuando el cuerpo manifiesta una realidad que el alma no intenta expresar? En otras palabras ¿puedo mentir con mi cuerpo? «Cuando nuestros gestos corresponden al significado interior del lenguaje del cuerpo, estamos viviendo en la verdad. Si, por el contrario, intentamos conferir a nuestras acciones un significado que contradice la trascendencia que poseen en sí, estamos falsificando el lenguaje del cuerpo, estamos diciendo una mentira con nuestros cuerpos»[64]. ¿Te acuerdas que cuando hablamos del aspecto unitivo vimos que podías mentir en el acto sexual, al expresar una totalidad con tu cuerpo que no correspondía a la intención de tu alma, porque estás renovando unas promesas que no has hecho? Esta mentira se da cuando decides tener relaciones sexuales fuera del matrimonio y luego compruebas que no alcanzaste la plenitud que ellas prometían. Ahora veremos cómo se puede mentir conforme al segundo aspecto constitutivo, la procreación.

Una mentira con el cuerpo, en el aspecto procreativo, se da por ejemplo con el uso de anticonceptivos en la relación sexual. ¿Por qué? Te lo explico con una conversación imaginaria entre el alma y el cuerpo de una pareja que usa anticonceptivos durante un acto sexual:

El alma del hombre que dice a su mujer: "Mi amor, te amo con locura, te deseo, te quiero entregar absolutamente todo lo que soy, quiero ser solo tuyo, quiero ser todo tuyo, todo te lo doy y no te quiero negar nada de lo que soy, pues todo mi ser es para ti".

Respuesta del alma de la mujer: "Amor, gracias por regalarme todo lo que eres, lo acepto y lo recibo con el mismo amor que me lo ofreces, yo también quiero y deseo ser toda tuya y solo tuya y por eso al recibir todo tu ser te ofrezco el mío. Yo te acepto como eres y te doy todo lo que soy".

El cuerpo del hombre que dice a su mujer: "Querida, tengo muchas ganas de pasar un momento de placer juntos, quiero gozar de ti por unos momentos, sí te quiero y mucho, me gustaría entregarte todo lo que soy, pero prefiero no entregarte mi capacidad de ser padre. Esa por ahora no te la quiero dar. Te prometo que sí te quiero tal como eres, pero por ahora no te quiero con tu capacidad de ser madre. Ahora sólo te quiero como compañera de aventura, como amante, como objeto de placer. Quizá en el futuro logre ofrecerte también mi paternidad o al menos mi capacidad de serlo, por ahora tendrás que acostumbrarte con lo que te doy".

Respuesta del cuerpo de la mujer: "Querido, gracias por regalarme casi todo lo que eres, gracias por no

> ofrecerme tu paternidad. De hecho, no me interesa esa parte de ti. Acepto el hecho de que no me des todo y en respuesta te ofrezco yo también casi todo lo que soy. Puedes poseerme casi toda, te doy todo menos mi capacidad de ser madre. Esa no estoy lista para dártela. No sé si algún día serás digno de recibir todo mi ser, por el momento acepta lo que te doy. Yo me conformo también con lo que me das y acepto usarte para divertirme un rato".

¿Qué te pareció esta conversación? Creo que explica muy bien el vacío y la tristeza que una separación alma-cuerpo en el acto sexual puede producir en nosotros. Todos queremos y deseamos una comunión profunda. Lo que el alma gritaba en el diálogo anterior es lo que verdaderamente se busca en cada acto sexual. Pero, ¿esto significa que tengo que estar teniendo hijos todo el tiempo? ¿Qué pasa si no puedo tenerlos? De ser así, ¿debería abstenerme de las relaciones sexuales hasta que pueda tener más hijos? De ninguna manera. Pensar así no solo sería reduccionista, sino que en cierta manera sería contrario a todo lo dicho sobre el aspecto unitivo, cuando afirmamos que las relaciones sexuales tienen un valor protagónico para el crecimiento en el amor conyugal. ¿Qué pasa entonces cuando por justas razones debo postergar los embarazos? Se puede ejercitar el principio de la paternidad responsable. Esta consiste en la responsabilidad que tienen los esposos de discernir sobre sus circunstancias reales y contemplar la posibilidad de que su amor sea fecundo con la procreación de una nueva vida, la cual viene a complementar y acrecentar el amor que ya existe entre ellos. Este discernimiento puede llevar a la decisión de esperar o espaciar los hijos por causas graves. No me voy a meter en el tema sobre cuáles serían esas causas graves para decidir honesta y moralmente espaciar o evitar un embarazo, pero sí quiero reflexionar contigo sobre el método al que se acude para evitarlo.

Existen únicamente dos formas de evitar un embarazo: de manera natural, con la planificación familiar, o de manera artificial, con el uso de anticonceptivos. La anticoncepción es «toda acción que, o en previsión del acto conyugal, o en su realización, o en el desarrollo de sus consecuencias naturales, se proponga, como fin o como medio, hacer imposible la procreación»[65]. El uso de anticonceptivos tiene como consecuencia directa esa división del alma y el cuerpo de la que ya hemos hablado. Estos no respetan la totalidad de cada una de las personas. «La diferencia entre el anticoncepcionismo y la planificación familiar natural es tan fundamental que penetra al corazón mismo de lo que somos como personas»[66]. De hecho San Juan Pablo II afirmaba que «detrás de la escena en la disparidad entre la anticoncepción y el recurrir al ritmo del ciclo de la mujer, se encuentran dos concepciones de la persona y de la sexualidad humana irreconciliables entre sí»[67].

Como ves, el problema de fondo radica nuevamente en la pregunta esencial con la que empezamos este libro: ¿quién es verdaderamente el hombre y en qué consiste su dignidad? El P.

Walter Schu, experto en antropología sexual, dice que lo que realmente está en juego con el uso de los anticonceptivos es la degradación de la dignidad del hombre como persona al hombre como máquina, o como objeto que puede ser manipulado. Así lo expresa: «Si una pareja decide practicar la anticoncepción, está optando, conscientemente o no, por una concepción materialista de la persona como objeto que puede ser manipulado. En el drama silencioso del anticoncepcionismo, está en peligro nuestra [...] dignidad como personas»[68]. El problema de esta visión materialista del hombre, que pierde de vista su realidad interior-espiritual en la relación sexual, es que en última instancia termina por convertirlo en objeto. Gandhi dijo una vez que «el hombre ha degradado suficientemente a la mujer con su lujuria, y la anticoncepción, sin importar cuáles sean las buenas intenciones de sus defensores, la degradarán aún más»[69]. Los anticonceptivos han logrado quitar los límites y las consecuencias que la naturaleza había impuesto en el acto sexual para proteger y promover amor.

Los anticonceptivos han logrado quitar los límites y las consecuencias que la naturaleza había impuesto en el acto sexual para proteger y promover amor.

La “libertad” con la que tanto se han promovido los anticonceptivos, en realidad ha terminado por esclavizar a tantas mujeres y hombres que ahora pueden usarse “libremente” sin el “riesgo” de quedar comprometidos asumiendo las consecuencias. El hombre se acostumbra al uso de su sexualidad separándola del don de la vida, uno de sus aspectos constitutivos. La vida de un nuevo ser humano es la señal de amor más grande que puede darse como fruto del amor de dos personas. Si el anticonceptivo impide la vida del nuevo ser, es señal también de que impide el amor verdadero. Su uso es inmoral porque «viola la inseparable conexión que existe, y que el hombre no puede romper por propia iniciativa, entre los dos significados [o aspectos constitutivos] del acto conyugal: el significado unitivo y el significado procreador»[70].

Si el anticonceptivo impide la vida del nuevo ser, es señal también de que impide el amor verdadero.

¿Qué opción se puede tomar entonces para planificar la familia sin romper ni lastimar la dignidad de la persona? Y si la hay, ¿qué ventajas reales aporta esta opción para el crecimiento de la pareja en el amor y la plenitud de su matrimonio?

Unión cuerpo y alma en el acto sexual

= comunión y fecundidad

Después de haber visto las consecuencias negativas del uso de anticonceptivos en la relación sexual, veremos ahora la belleza de la libertad de ofrecerse completamente, sin reservas, sin restricciones, sin condiciones. Vamos a ver algunos de los aspectos más hermosos que la apertura a la vida aportan a la relación sexual:

Cuando se decide tener una relación sexual se debe llevar a cabo en plenitud, con todas sus implicaciones y bajo todos los aspectos que la integran. No puedes decir que eres libre si esperas con miedo las consecuencias de tus actos.

La libertad: Cada acto sexual es un acto de la voluntad y por tanto un acto libre. La libertad verdadera no está nunca ni en guerra ni en contradicción con la responsabilidad; al contrario, la abraza como parte de todo acto libre. Cuando se decide tener una relación sexual se debe llevar a cabo en plenitud, con todas sus implicaciones y bajo todos los aspectos que la integran. No puedes decir que eres libre si esperas con miedo las consecuencias de tus actos. Tampoco puedes decir que eres libre si, de manera artificial y cobarde, optas por eliminar las consecuencias y responsabilidades que cada acto sexual conlleva en su integridad. Puesto que queremos un acto de amor, queremos un acto libre.

La espontaneidad: Toda pareja quiere y desea encontrar en el acto sexual una comunión que los lleve a un éxtasis profundo en el amor. Cuando la pareja está abierta a la vida, no tiene que hacer cálculos para ver cuándo puede y cuándo no puede tener relaciones. Las relaciones sexuales se convierten en una posibilidad de amarse de manera espontánea y libre, sin ataduras por miedos.

La totalidad: Como vimos en la conversación ficticia entre el alma y el cuerpo en la relación sexual, aquí se tendría esa misma conversación, pero con una perfecta consonancia entre lo que el alma desea y lo que el cuerpo manifiesta con sus gestos. Cuando en la relación sexual hay una verdadera y constante apertura a la vida, la unión entre los amantes no se da solo entre dos cuerpos, sino entre dos corazones.

Cuando en la relación sexual hay una verdadera y constante apertura a la vida, la unión entre los amantes no se da solo entre dos cuerpos, sino entre dos corazones.

La familia: Los hijos son de alguna manera la prolongación del amor de los padres y vienen no solo a complementar sus vidas, sino a enriquecer su amor. «Cuando los padres transmiten la vida al hijo, un nuevo tú humano se inserta en la órbita del nosotros de los esposos, una persona que ellos llamarán con un nombre nuevo: "nuestro hijo..."; "nuestra hija..."»[71]. Sin embargo, «la paternidad y la maternidad representan un cometido de naturaleza no simplemente física, sino también espiritual»[72]. Existen parejas que por diversos motivos no pueden tener hijos biológicos. Estas parejas al igual que las otras, están llamadas a una profunda vida de entrega en el amor esponsal, ellas pueden y deben gozar de los actos sexuales como forma de expresión de su entrega total, y al mismo tiempo están llamados a producir un fruto fecundo. La fecundidad va más allá del aspecto meramente biológico y puede manifestarse por medio de la adopción,

La fecundidad debe ser entendida no solo a nivel físico, sino también a nivel espiritual.

diversas formas de obras educativas, ayuda y colaboración con niños huérfanos, etc. Por tanto, la fecundidad debe ser entendida no solo a nivel físico, sino también a nivel espiritual. Todos estamos llamados a ser padres y madres, solo algunos están llamados a serlo de modo biológico.

¿Y qué hacer si quiero seguir teniendo relaciones sexuales, no quiero usar anticonceptivos, pero tampoco puedo tener hijos por ahora? Puedes optar por la planificación familiar natural cuando, hecho el discernimiento adecuado, decidas con tu pareja que es mejor esperar para tener hijos.

Hay que decir una verdad que, aunque parece obvia, se nos olvida con frecuencia: la mujer no es fértil todo el tiempo. Esto, lejos de ser un error de la naturaleza, es un signo de la riqueza que se esconde en el cuerpo para dejar espacio a la libertad y la creatividad del hombre y la mujer, para amarse y complementarse. Existe por tanto en la mujer un ciclo de fertilidad[73] de entre cinco y siete días al mes. Y ¿eso qué significa? Sobre todo, dos cosas: la primera es que, si quieres tener hijos, la pareja puede buscar tener relaciones sexuales en los días fértiles para que se produzca un embarazo. La segunda es que, si por motivos justificados los cónyuges quieren evitar un embarazo, tienen el resto del mes para tener relaciones sexuales. El problema es cómo saber con precisión cuáles son esos días para lograr o evitar un embarazo. La respuesta a esta pregunta está en conocer tu cuerpo y entender el funcionamiento de los métodos naturales[74].

Existe solo un "pero" a estos métodos, que más que ser un problema, lo considero una oportunidad para amar con una mayor entrega. El "pero" es que requieren un sacrificio por parte de los esposos. Claro, con los anticonceptivos no te tienes que "aguantar", puedes "hacerlo" cuando quieras, pero eso más que ser un punto positivo, en realidad, reduce mucho la posibilidad de desarrollar nuevas dimensiones del amor conyugal que se descubren por medio de esta abstinencia periódica. «Los periodos de continencia ayudan a los esposos a descubrir maneras nuevas de manifestar su mutuo afecto. La mujer de manera especial experimenta el gozo de saber que un beso o un abrazo de su cónyuge durante un tiempo de abstinencia es un gesto de amor para ella como persona, que no busca gratificación alguna»[75]. Por todo esto es importante el periodo del noviazgo, por la vivencia de la continencia prematrimonial, pues te prepara para dominar los impulsos y aprender a manifestar el amor y el afecto con otros muchos detalles.

El acto sexual es uno de los gestos más hermosos que existen como manifestación del amor entre los esposos.

Quiero cerrar con el título de este capítulo: si me prometes todo, ¡dámelo todo! El acto sexual es uno de los gestos más hermosos que existen como manifestación del amor entre los esposos. Es una manera de decirle al amado ¡soy todo tuyo! Pero solo es auténtico cuando de verdad involucra la totalidad, cuando los dos aspectos constitutivos están presentes en cada acto sexual, el unitivo y el procreativo.

Si la finalidad superordinada era la entrega total de sí mismo a la pareja, tenemos que aceptar que dicha entrega total será imposible si no existe primero una posesión total de sí mismo. Esta posesión de sí en el terreno sexual se alcanza únicamente con la vivencia de la virtud de la castidad, como vimos en el capítulo tercero: si no puedes decir que "no", tu "sí" no significa nada.

CAPÍTULO V

Si me amas de verdad, ¡demuéstramelo!

Características necesarias para que cada acto sexual sea pleno

"El amor intenso no mide,
sino que simplemente da".
Madre Teresa de Calcuta

"Amor y verdad son las dos cosas de Dios.
La verdad es el fin y el amor es el camino".
Mahatma Gandhi

"El amor no mira con los ojos,
sino con el alma".
William Shakespeare

I
Una historia real

No paro de llorar. Siento que me aprietan el pecho horriblemente. La manera en que me ha lastimado esta relación es impresionante. Sé que se escucha un problema tonto, pero no sé cómo explicarte que ¡no es así! No sé por qué esta relación marcó tanto mi vida. Al inicio era una relación muy bonita. Todo iba de maravilla. Un día decidimos hacer un viaje juntos. El viaje estuvo increíble y fue tan especial que creí que nuestro amor sería para siempre. Decidí que era el momento de entregarme a él.

Después de ese viaje increíble, ¡me cortó y jamás regresó!

Después de eso intenté todo para regresar con él. He llegado al grado de humillarme a mí misma con tal de estar con él. Y entonces él me empezó a buscar, pero solo para satisfacerse. Y yo caía, he caído todo el tiempo, pero no por ser mala persona. Yo voy a verlo con buenas intenciones. Quiero que se enamore nuevamente de mí. Siento que, si me arreglo bonita o si estoy ahí todo el tiempo, él podría enamorarse otra vez. Pero no, él sólo quiere mi cuerpo. Así como dicen: yo lo hago con el corazón, pero él no. Yo lo quiero a él, pero él quiere mi cuerpo. Él sólo me quiere para satisfacerse y al día siguiente ya no existo para él. ¡Es una tortura!

Es horrible ver que los chavos de ahora no quieren nada serio. Es un asco ver que todos quieren solo un rato de diversión. Nadie quiere algo estable y profundo. Una de mis ilusiones en la vida era casarme y formar una familia. Pero tengo amigas que, aún casadas, sus esposos les ponen el cuerno en la fiesta ligando con otras chavas. ¡No quiero una vida así!

Comencé a tomar mucho alcohol para olvidar o para al menos sentir un rato de felicidad. Sé que es un mal pretexto, pero realmente me hace olvidar un momento el dolor y vacío que siento a diario en mi corazón. Ese vacío que por más de un año llevo sintiendo cada segundo, desde que me abandonó. Me he despreciado yo misma y mi autoestima cayó demasiado. He tratado de cubrir mis huecos con otras personas que al final de cuentas terminan por usarme. Pero todo esto no lo hago por loca o por mala persona, sé perfectamente que tengo una educación hermosa, que mis papás me inculcaron desde pequeña lo valiosa que era. Pero esa herida me ha hecho cometer muchos errores y al final, esas "salidas" que deberían ayudarme a olvidar, terminan hiriéndome más. ¡Termino sintiéndome más vacía que nunca! Es increíble cómo una persona puede orillarte a cometer tantas cosas que no quieres hacer. Todo eso me duele muchísimo, estoy como hipnotizada. Es una gran confusión pensar que las mayores tonterías que he hecho las he disfrazado de "amor".

Esta experiencia ha sido una de las sacudidas más fuertes que me ha dado la vida. Me da coraje pensar que yo nunca fallé, que yo lo amé y que por eso me entregué a él. Pensé que así se lo podía demostrar. Después de eso no supe que pasó, jamás le hice nada. Simplemente se enfadó y se fue. Todo esto me ha llenado de rabia y me ha convertido en una persona que sé que no soy. He desquitado este dolor ¡hasta con mi familia! Solo quiero sentirme un día feliz y amada. Hace mucho que no siento eso. Estoy desesperada y me choca vivir así mi juventud.

Reflexiona

Qué ciertas eran las palabras de San Juan Pablo II cuando decía que «una persona egoísta puede interesarse por el otro sólo cuando puede sacar de éste gratificación sexual [pero] tan pronto como lo ha obtenido [...] el interés desaparece, hasta el momento en que el deseo se despierta de nuevo»[76]. Para todas las parejas de novios que he conocido hay un antes y un después de una relación sexual. Todo cambia después de "hacerlo" y para ser sincero, en todos los casos que conozco, cambia para mal. Claro, no todos los noviazgos se destruyen como este de la historia y algunos, incluso llegan al matrimonio más adelante, pero eso no cambia la realidad de que al menos esas relaciones sexuales previas no les dieron la plenitud que tanto prometían darles: ¿Por qué? ¡Porque no expresan una verdad! La respuesta puede sonar muy simple, pero no por eso pierde su profundidad. La verdad de toda relación sexual es expresar

La verdad de toda relación sexual es expresar o sellar la promesa de totalidad que se ha hecho. ¡Nadie puede expresar una promesa que no ha hecho!

o sellar la promesa de totalidad que se ha hecho. ¡Nadie puede expresar una promesa que no ha hecho!

Se pueden tener relaciones sexuales por diversión, por entretenimiento, por venganza, por placer, por dependencia, por presión, a la fuerza y hasta por ganar dinero. El punto al que quiero llegar es este: la relación sexual, como acto o como gesto, puede llevarse a cabo por muchas intenciones, pero el significado real del acto no depende principalmente de la intención que tengas, sino que está inscrito en el acto mismo. Es como si le dieras un puñetazo en la cara a tu mejor amigo con la intención de decirle "te estimo". Tu intención no cambia el significado del acto, un puñetazo en la cara aquí y en China significa todo menos un "te estimo". Aquí se vuelve a hacer clara la imposibilidad del hombre de separar su alma de su cuerpo, aunque lo intentemos mil veces el resultado siempre será negativo porque nuestro cuerpo siempre revela nuestra persona, nuestro interior, y todo intento de separación produce una terrible fractura existencial.

La relación sexual, como acto o como gesto, puede llevarse a cabo por muchas intenciones, pero el significado real del acto no depende principalmente de la intención que tengas, sino que está inscrito en el acto mismo.

Nuestro cuerpo siempre revela nuestra persona, nuestro interior, y todo intento de separación produce una terrible fractura existencial.

El acto sexual es un gesto de amor que manifiesta la entrega total, fiel, exclusiva y fecunda hecha libremente por dos personas que han decidido compartir toda su vida.

Definamos el significado real de un acto sexual: El acto sexual es un gesto de amor que manifiesta la entrega total, fiel, exclusiva y fecunda hecha libremente por dos personas que han decidido compartir toda su vida. Cuando se dan estas cuatro características el cuerpo expresa la verdad de quienes desean amarse para siempre, y así el acto sexual se convierte en una verdadera manifestación de amor y se da no solo una relación de cuerpos, sino una comunión de personas. Vamos a ver ahora cada una de las cuatro características que deben estar presentes en cada acto sexual: un acto libre, total, fiel y fecundo.

II
Nadie puede dar libremente lo que no posee
Acto libre

Recuerdo que cuando estaba en quinto de primaria tuve mi primera novia. Según yo, ya era grande y estaba listo para tenerla. Después de unas semanas de andar con ella (por cierto, no hablábamos mucho porque nos daba vergüenza), fue su cumpleaños y obviamente el novio tenía que regalarle algo, ¿no? Pues como era un chamaco de nueve o diez años no tenía ni un peso en la bolsa y, además, no podía decirle a mis papás que le compraran algo, pues no sabían que ya tenía novia. Entonces se me ocurrió una excelente idea: tomar un muñeco de peluche, de los muchos que tenía mi hermanita, y regalárselo a mi novia. Así lo hice y sin que se diera cuenta mi hermana, llevé a cabo mi plan maestro. Pero cual sería mi sorpresa al saber que mi mamá era amiga de la mamá de mi novia y que le agradecería a ella por el detalle que Gustavito había tenido con su hijita. Cuando mi mamá me regañó, me puse rojo de la vergüenza. Eso pasa porque traté de regalar algo que no era mío, algo que no poseía yo. Así podría pasar también con nuestro cuerpo.

Tu cuerpo es un don, un regalo precioso y como cada regalo está hecho para darlo a una persona, no a varias. A nadie le gusta recibir un regalo y que te digan: "Perdón es que lo presté varias veces antes de dártelo y por eso está tan usado". Pero para poder darte, tienes primero que poseerte, tienes que ser dueño de ti mismo, pues nadie puede dar lo que no tiene. ¿Cómo podemos saber si somos realmente dueños de nosotros mismos? En el primer capítulo te hablé sobre los impulsos y la voluntad, de cómo esta debe controlar los impulsos para que estos me ayuden a amar. Una persona es verdaderamente libre cuando su voluntad es capaz de dirigir sus impulsos para que no sean estos los que la muevan a actuar, sino la voluntad motivada por la razón. Cuando nuestras pasiones nos mueven como quieren y no tenemos ni tiempo de pensar si es bueno o malo para mí, entonces más que ser libres, somos esclavos de nuestras pasiones. Una relación sexual no libre sería, por ejemplo, la que sucede al final de una noche de antro motivada por el alcohol, o las relaciones sexuales pagadas en la prostitución, o aquellas que son motivadas por pura lujuria y que hacen cálculos egoístas sobre las posibilidades de un embarazo, o incluso aquellas que me esclavizan por el miedo de llegar a contraer una infección.

Para poder darte, tienes primero que poseerte, tienes que ser dueño de ti mismo, pues nadie puede dar lo que no tiene.

Y entonces, ¿no puede haber pasión en las relaciones sexuales? «¡Claro que tiene que haber pasión, ternura y cariño! ¡Por supuesto! No somos robots y tenemos emociones, pero el afecto es integrado por la inteligencia y la voluntad»[77]. Ahí donde la voluntad actúa separada de la inteligencia se da la esclavitud interior. Existen muchos tipos de esclavitud en el campo sexual, por ejemplo: la pornografía, la masturbación, la anticoncepción, la prostitución, etc. En todas estas realidades, el hombre pierde su capacidad racional y se deja dominar por sus instintos y más que ser libre de hacerlo es esclavo, pues no puede no hacerlo. Piensa, por ejemplo, en el gran problema de la pornografía y la masturbación: ¿quién es más libre: el que pudiendo hacerlo, decide no hacerlo; o el que no lo quiere hacer, pero siempre termina haciéndolo aún contra su voluntad?

Para que una relación sexual sea verdaderamente plena, tiene que ser un acto verdaderamente libre por parte de ambos, tiene que haber una conciencia total de saber que soy "yo" el que se entrega a un "tú", con todo lo que eso implica. Es decir, que no sea motivado por la presión de otras personas, ni por el movimiento de mis deseos desordenados que me controlan y me impiden pensar con claridad. ¿Son realmente libres las parejas que después de tener relaciones sexuales viven con el temor de un posible embarazo? ¿Son libres aquellos que se tienen que esconder para tener relaciones sexuales porque mantienen una relación indebida y viven con el temor de que los descubran? ¿Son libres aquellos que tienen que pagar para obtener placer sexual o aquellos que se dejan pagar para proporcionarlo?

El acto sexual ha de ser siempre una opción libre y consciente de la persona, que conociendo todas las implicaciones, lo abraza sin temores y con responsabilidad. El amor, decía San Juan Pablo II a los jóvenes, «no es solo un sentimiento; es un acto de la voluntad que consiste en preferir, de una manera constante, el bien del otro al bien propio»[78]. Es el amor y sólo el amor el que hace de la relación sexual un verdadero acto de libertad, un verdadero acto de donación total.

III
¡Soy todo tuyo!
Acto total

Supongo que todos nosotros tenemos un conocimiento, al menos básico, sobre negocios y contratos. Desde que era niño, yo era bueno para hacer "contratos" con mi papá. Normalmente tenía que acudir a su oficina cada bimestre para rendirle cuentas de mis calificaciones. Cuando no me iba tan bien en algunas materias, sabía que se venía una serie de castigos que seguramente me arruinarían mis veranos, mis fiestas o mis entrenamientos de fútbol. Entonces empezaban las negociaciones. Después de un rutinario "estira y afloja", mi papá sacaba un "contrato" en el que yo me comprometía a mejorar en mis estudios a cambio de que él me dejaría salir en el verano a alguna fiesta y a seguir entrenando fútbol. Luego de redactar el acuerdo, los dos firmábamos y dicho acuerdo permanecía en su cajón hasta el siguiente bimestre. Cuando llegaban las calificaciones y me volvía a ir mal, era el momento de cumplir aquello a lo que me había comprometido con mi firma. Así, ese contrato implicaba toda mi persona. Era yo, todo yo, quien me había comprometido a eso.

Ninguno de nosotros tiene una necesidad ni está obligado a firmar un contrato. Pero cuando decide hacerlo, su firma compromete a toda su persona, y no únicamente en el momento en que se está firmando ese papel, sino en todo el tiempo que está por venir. La persona que firma vale más que su firma. Eso es lo que hace que ese signo gráfico tenga un valor[79].

Cada acto sexual, además de ser un acto libre, ha de ser un acto total. Cuando hablamos de quién era el hombre, en el primer capítulo, dijimos que el hombre es una unión de cuerpo y alma. A lo largo del libro hemos visto cómo eso se aplica en los diferentes campos de la vida sexual y ahora nos conviene regresar a esa verdad para entender lo que significa "total". Cada acto sexual es un acto que involucra a toda la persona, cuerpo y espíritu, y no puede ser reducido por ningún motivo a un mero acto genital. No todo acto interpersonal debe ser un acto genital, pero todo acto genital debe ser un acto interpersonal. En cada acto sexual la persona está llamada a comprometerse en totalidad.

No todo acto interpersonal debe ser un acto genital, pero todo acto genital debe ser un acto interpersonal.

Este don total significa que ninguno de los cónyuges guarda nada para sí mismo, ni hace cálculos egoístas sobre lo que prefiere no entregar. Por ejemplo, en una aventura de una noche, ninguno de los dos se entrega realmente de manera total puesto que lo único que quieren es entregar y recibir placer. La

La entrega o es total o no es entrega.

entrega o es total o no es entrega. Si das una paleta ya chupada y además la quieres de regreso, no es una verdadera entrega, sino un préstamo. «La entrega de la persona exige, por su naturaleza, que sea duradera e irrevocable. La indisolubilidad del matrimonio deriva primariamente de la esencia de esa entrega: entrega de la persona a la persona. En este entregarse recíproco se manifiesta el carácter esponsal del amor. En el consentimiento matrimonial los novios se llaman con el propio nombre: "Yo, ... te quiero a ti, ... como esposa (como esposo) y me entrego a ti, y prometo serte fiel... todos los días de mi vida". Semejante entrega obliga mucho más intensa y profundamente que todo lo que puede ser "comprado" a cualquier precio»[80]. Es por este motivo que, a la totalidad del acto sexual, se le une siempre la fidelidad y la exclusividad que veremos a continuación.

IV
¡Soy solo tuyo!
Acto fiel y exclusivo

Mientras estudiaba la filosofía en Roma, tuve la gracia de conocer a Pietro y María. Era un matrimonio que tenía 50 años de casados, pero que al convivir con ellos parecían una parejilla de novios enamorados. Pietro y María habían querido tener muchos hijos, pero solo habían logrado tener uno, pues María había perdido varios bebés a lo largo de su vida. Sin embargo, este cambio de planes no logró desanimarlos, pues su fecundidad se extendía no solo por medio de ese hijo, al que tanto amaban, sino que también tocaba la vida de todos los que entrábamos en contacto con ellos.

Una de las cosas que más me impactó fue cuando María me platicó que Pietro le escribía todos los días (desde hacía 50 años) pequeños poemas de amor o recaditos con piropos. Lo curioso era que en lugar de dárselos directamente, se los escondía en diversas partes de la casa, para que mientras ella arreglaba la casa o caminaba por ahí, ¡sorpresa! Otro poema recordándole lo mucho que Pietro la quería y lo agradecido que estaba con ella por quererlo tanto a él.

Luego, escuché la versión de Pietro. Me dijo que nunca se cansaba de "conquistar" a su esposa. Que cada día era una nueva oportunidad de sorprenderla, animarla, hacerla reír o simplemente recordarle que la amaba. Me platicó también que no siempre había sido fácil, pues en ocasiones discutían y peleaban. "Es ahí donde se demuestra que es amor y no sentimentalismo", me dijo. "En esos momentos duros mis poemas solían ser más malos, más breves, incluso a veces sarcásticos, pero no dejé de escribirle su 'recadito' diario. Lo que más risa me daba, -decía Pietro-, era que cuando discutíamos un día, yo escondía el recadito de ese día en algún cajón, y María lo encontraba varios días después, me lo leía y los dos nos carcajeábamos de pensar cómo un día malo termina siempre cuando una relación es sólida, y cómo lo que un día generó enojo o tristeza, el otro día es solo un recuerdo que hace parte de la estructura que juntos hemos ido construyendo".

Quizá esta historia parezca simple, pero así es la fidelidad. Es el tejido que a lo largo de la vida se forma con pequeños hilos a los que llamamos actos voluntarios de perseverancia en el amor. Ser fiel es una decisión, un acto de la voluntad que no depende de los sentimientos. Por ello la relación sexual, al ser una expresión del amor humano, no puede ser un acto movido solo por los sentimientos del momento, sino que ha de ser una manifestación de un sí definitivo que ya se ha prometido.

La fidelidad es el tejido que a lo largo de la vida se forma con pequeños hilos a los que llamamos actos voluntarios de perseverancia en el amor.

Que la fidelidad sea una característica de cada acto sexual se desprende de las dos anteriores, es decir, de la libertad y de la totalidad del acto sexual. No puedo donarme libremente a la otra persona si no puedo garantizarle mi fidelidad. Tampoco puedo aceptar su entrega libremente, si tengo miedo de pensar "¿cuánto durará?". Tampoco puedo decir que me quiero donar con totalidad si esta entrega no viene manifestada por mi "sí" en el tiempo. ¿Qué clase de totalidad es aquella que pone condiciones? «Al entregar el cuerpo, se entrega la persona: dar todo el cuerpo afecta al alma de manera íntegra. El gesto significa totalidad. No hay totalidad sin exclusividad definitiva en el tiempo. Si digo: "me entrego a ti, pero también a mi amante los fines de semana" habría que discutir qué clase de entrega es esa. No sería total, porque lo que se entrega de forma absoluta, no se reparte[81]».

Muchas veces he escuchado a más de un joven decirme: "Amo a mi novia, de verdad la amo, y creo que nuestro amor crece cada que tenemos relaciones sexuales. Pero no estoy seguro si ella es la indicada para ser mi esposa en el futuro. La amo ahora que es mi novia, pero tiene tantas cosas que no me gustan, que no estoy seguro de poder amarla para siempre", yo les respondo siempre lo mismo: el que no puede amar para siempre, es muy difícil que pueda amar por un solo día.

El que no puede amar para siempre, es muy difícil que pueda amar por un solo día.

El amor, cuando es verdadero, no pone límites ni condiciones; el amor verdadero entrega su voluntad al otro y, de antemano, le promete su fidelidad para el resto de su vida. Solo quien es verdaderamente libre puede hacer este maravilloso regalo a la persona que ama. Es por este motivo, que la fórmula del matrimonio dice "hasta que la muerte los separe", y no tiene miedo de añadir, "te acepto a ti... en la salud y en la enfermedad, en lo próspero y en lo adverso, etc." A quién le gustaría que le dijeran: "Te amo con todo mi corazón, pero si en algún momento llegaras a estar gordo, enfermo, ciego, paralítico o estéril... dejaría de amarte". ¿Verdad que eso no puede ser amor?

V
No quiero usarte, ¡quiero amarte!
Acto fecundo

Una vez leí un libro excelente, se llama "El hombre que escribió en el cuaderno azul", trata sobre una mujer que perdió a su esposo de una manera inesperada. Algunos meses después de su muerte, ella se encontró un cuaderno en el que su esposo escribía sus experiencias, oraciones, luces espirituales, en fin, una especie de diario. Cuando la esposa empezó a leer el diario, decidió contestarle con sus propias experiencias y pensamientos. No te quiero contar toda la historia, pero sí una situación que me enseñó a valorar lo que significa verdaderamente ser fecundo en el matrimonio.

Resulta que este matrimonio había tenido ya tres hijos y no solo estaban muy felices, sino que estaban dispuestos a seguir acogiendo todos los que Dios les mandara. Después de algunos años de no haber podido tener más hijos, decidieron, después de dialogarlo mucho y llevarlo a la oración, adoptar a una pequeña que había sido abandonada y que tenía síndrome de Down. Fue una experiencia muy hermosa para toda la familia, con todos lo retos que implicaba. Algunos años más tarde esta pequeña murió y, aunque fue un momento desgarrador para la familia, aprendieron a valorar y agradecer cada momento que pudieron compartir con ella. Años más tarde, decidieron adoptar un pequeñín más, también con síndrome de Down.

La fecundidad a la que un matrimonio está llamado, está fundada en la experiencia misma del amor que busca expandirse y crecer.

El testimonio de esta familia me enseñó que ser fecundo es mucho más que procrear. La fecundidad a la que un matrimonio está llamado, está fundada en la experiencia misma del amor que busca expandirse y crecer. El amor auténtico no hace cálculos egoístas, sino que se desborda y se prolonga por la fecundidad.

Cuántas veces escuchamos hoy que los hijos son una carga para la pareja, que conviene disfrutar varios años sin ellos, viajar, comprar cosas, estudiar más... El Papa Francisco describió muy bien nuestra cultura en uno de sus discursos: «Esta cultura del bienestar de hace diez años nos ha convencido: '¡Es mejor no tener hijos! ¡Es mejor! Así tú puedes ir de vacaciones a conocer el mundo, puedes tener una casa en el campo, tú estás tranquilo'... Pero quizá sea mejor – más cómodo – tener un perrito, dos gatos, y el amor va a los dos gatos y al perrito. ¿Es verdad o no esto? ¿Lo vieron ustedes? Y al final este matrimonio llega a la vejez en la soledad, con la amargura de la mala soledad. No es fecundo»[82]. Existe una relación muy profunda entre amor y fecundidad, pues el amor cuando es auténtico busca expandirse y dar fruto. Los hijos son una manifestación visible de este expandirse y dar fruto, son, de alguna manera, el amor de los esposos hecho carne, hecho vida.

La fecundidad no se reduce a la mera procreación biológica, aunque la apertura a esta sea una condición necesaria. Es una realidad mucho más profunda. Jason Evert define así la fecundidad: «Tu amor es "dador de vida", porque es libre, total, y fiel. Está abierto a la posibilidad de una nueva vida (si es la voluntad de Dios). La fecundidad es física (los hijos) y espiritual (los esposos). Lo opuesto: En vez de una relación sexual fecunda: una relación sexual esterilizada por la anticoncepción que no está abierta al amor que da vida»[83].

VI
Otra historia real

Una noche de antro cambió mi vida para siempre. No me lo esperaba, pero supongo que así es el amor. Cuando llega y lo experimentamos de verdad nuestra vida cambia por completo, la oscuridad se convierte en luz y la tristeza en alegría. Esa noche cambió mi vida para siempre. Pero antes de platicarte lo que pasó esa noche tengo que confesarte algo: antes de conocerlo a él, estaba convencida de que el amor verdadero no existía y que nadie podía realmente amarme, me había acostumbrado ya a ser usada.

Todo empezó cuando tuve mi primer novio, a los 15 años. Él era mayor que yo. Estaba perdidamente enamorada de él y creí que él también me amaba. Al cabo de unos meses de noviazgo me pidió la prueba de fuego, me aplicó la de: "si me amas, demuéstramelo. Dámelo todo". Yo, la verdad no estaba muy segura de querer "hacerlo" pero después de mucha presión decidí ceder. Yo soñaba con que mi "primera vez" sería especial, así que le dije que lo "haríamos" en algún momento especial. Él no tardó en organizar un fin de semana en una cabaña increíble en la montaña. Los dos sabíamos que mis papás no me dejarían ir sola con él, así que les inventé que haría un viaje con mis amigas a la playa.

Todo estaba listo, ese fin de semana sería la prueba de fuego, sería mi "primera vez" y estaba segura que sería especial. La primera noche, después de una cena romántica en la cabaña, con velas y vino tinto, empezó la acción. Poco a poco nos fuimos entregando uno al otro. Yo tenía algo de miedo, pero estaba convencida que después de eso nuestro amor ya no tendría límites. No quiero entrar en detalles, pero basta con decir que todo pasó muy rápido. No era nada como me lo había imaginado...

Después de "hacerlo", él se durmió, no quiso ni siquiera verme a la cara y a partir de ese momento nuestra relación empezó a ir en picada. A partir de ese momento, él solo quería "hacerlo" todo el tiempo, y se molestaba cuando yo no quería. En fin, todo terminó mal. A los pocos meses cortamos, él se fue con otra, pero consigo se llevó mi más grande tesoro. No se lo merecía, pero yo ingenuamente se lo di.

Desde entonces me sentí sucia, indigna y pensé que ya nadie me amaría. Decidí que si ya lo había hecho una vez qué más daba seguir haciéndolo: total, es la única forma de tenerlos contentos, y además nadie me puede amar si no me acuesto con él.

Después de varios años viviendo ese estilo de vida, llegó esa noche de antro que cambiaría mi vida para siempre. Fue durante unas vacaciones en la playa. Estuvimos una semana, esta vez sí había ido con mis amigas. Al segundo día conocí a un chico. Parecía diferente a todos los que había conocido antes, era inteligente y muy simpático, pero sobre todo era muy auténtico. Durante cuatro días estuve saliendo con él a caminar, visitar lugares, cenar, etc. Lo que más disfruté de esos días eran las largas horas que pasábamos platicando de una infinidad de temas, temas para nada superficiales, nunca había logrado una conexión así con un hombre. Y entonces pasó aquello que cambiaría mi vida para siempre...

Al quinto día fuimos de antro, iba yo con mis amigas y él iba con un grupo de amigos. Todo iba de maravilla, estábamos disfrutando la noche con grandes carcajadas y horas y horas de buena música y baile. Sin embargo, el alcohol empezó a hacer lo suyo poco a poco. Un shot *tras otro hasta que se me subió. Ya entrada en copas, empecé a coquetearle deshinibida a este chico. No me importó, pues de todos modos, era lo que estaba acostumbrada a hacer en los últimos años desde que me lastimaron. Como a las tres de la mañana salí del antro con él, me subí a su coche y manejamos a su departamento. Al llegar al departamento, yo estaba más mal que bien, pero habituada a ese estilo de vida, empecé a besarlo una vez que entramos en su depa. Estaba lista para acostarme con él.*

Él me siguió los besos por unos momentos, luego me llevó a su cama y entonces pasó lo que me cambió para siempre. Me acostó en su cama y me dio un beso en la frente mientras me decía: "Espero que puedas descansar aquí. Me la pasé increíble hoy. Me encantaría quedarme aquí contigo, pero no te mereces ser usada por nadie. Quiero que sepas que desde que te conocí me gustaste y no quiero echarlo a perder así. Quiero salir contigo, empezar un camino juntos, pero quiero hacerlo bien. No te mereces nada menos que ser amada y por eso no me acuesto contigo. Mañana platicamos. Si necesitas algo, estaré durmiendo aquí afuera en la sala. Buenas noches".

A la mañana siguiente, cuando me desperté y recordé lo que había pasado era otra persona. Me levanté de la cama y salí a la sala. ¡Qué grande fue mi sorpresa cuando encontré una mesa preparada para el desayuno, y claro, unas pastillas para el dolor de cabeza! Y ahí, con una sonrisa me repitió aquello que me había dicho la noche anterior: "Ayer, me pude haber acostado contigo si hubiera querido, pero tú no te mereces ser usada por nadie. Además, yo siempre he tenido la ilusión de entregarme única y totalmente a una mujer construyendo juntos un camino. Quiero que tú seas esa mujer. No me importa lo que hayas hecho antes. Hoy quiero empezar un camino contigo para ver si Dios nos llama al matrimonio". Creo que nunca había derramado tantas lágrimas en mi vida como ese día. En ese momento me sentí pura nuevamente. Me sentí digna de ser amada y quise volver a intentar amar. Hace varios años un hombre me había lastimado usándome como una cosa. Hoy un hombre me había recordado quién era amándome como una persona.

Así comenzamos un hermoso noviazgo que duró casi tres maravillosos años. Aprendimos a disfrutar de la compañía del otro, a reír, platicar de mil cosas, pasear, bailar... en fin, aprendimos a amarnos. Desde el inicio de nuestro noviazgo hicimos el compromiso de esperar hasta el matrimonio para tener relaciones. No voy a mentir. A veces fue difícil resistir a la tentación, pues ambos queríamos realmente una entrega total, pero sabíamos que no sería total hasta que no estuviera sellado por el compromiso del matrimonio y la bendición de Dios.

Luego de casi tres años de esperar y cultivar nuestro amor, llegó el gran día de la boda. Fue un día muy emocionante y después de nuestro sí en el altar y el festejo, llegó por fin ese momento que tanto anhelábamos los dos. Tres años cultivando y acrecentando nuestro deseo de intimidad habían valido la pena. Ahora sí, sin duda alguna, sería toda suya, solo suya, para siempre. No existen palabras para expresar la experiencia que vivimos en nuestra noche de bodas y que se repetiría en adelante. Con una libertad auténtica había llegado a entender la maravillosa experiencia de la donación total de sí a la persona amada.

"Muchas veces había tenido sexo, pero en mi noche de bodas, por primera vez: hice el amor".

Muchas veces había tenido sexo, pero en mi noche de bodas, por primera vez: "hice el amor".

EPÍLOGO

En este libro hablé de una realidad humana misteriosa y fascinante: la relación sexual. Hice un recorrido que permitiera comprender su belleza a la luz de su fin específico: el don total de sí a la persona amada. El lector se podría preguntar: si todo esto es tan hermoso, ¿por qué tú has renunciado a ello optando por la vida célibe?

La respuesta podría parecer algo arrogante y, sin embargo, no es así. La realidad es que en este libro hablé del fin exclusivo de la relación sexual, pero el hombre, en su sed de satisfacción total y búsqueda de una plenitud sin límites no encuentra en este acto su felicidad última. El Papa Francisco ha comentado de manera muy acertada que no podemos pretender que una relación humana, como es el caso de la relación sexual, satisfaga en plenitud un deseo inscrito en el corazón del hombre de tener una relación con su Creador.

La relación sexual nunca va a satisfacer totalmente los deseos de tu corazón, pues tu corazón tiene sed de eternidad. San Agustín decía: "Nos hiciste Señor para ti y nuestro corazón andará siempre inquieto hasta que no descanse en ti". Sin embargo, la relación sexual puede ser un camino de encuentro con Aquél que tanto anhela nuestro corazón. Por eso el matrimonio es un sacramento, y solo vivido como tal puede ser un canal de la gracia. Por el sacramento, cada relación sexual puede ser un encuentro con el amor de Dios. De hecho, cada acto conyugal es una renovación de los votos matrimoniales y por lo tanto, un signo de la presencia de Dios. De lo contrario, podemos terminar convirtiendo al sexo, ese don tan hermoso, en un ídolo que no solo me produce placer, sino que puede terminar por querer sustituir a Dios en mi vida.

El verdadero modelo de amor esponsal es el de Cristo con su esposa la Iglesia. Su manifestación más profunda de ese amor es la entrega total de sí mismo, hasta la muerte y en la cruz. El consagrado está llamado a vivir su esponsalidad como Cristo, muriendo y entregando su cuerpo a su esposa la Iglesia: "Este es mi cuerpo que se entrega por ti".

AGRADECIMIENTOS

Escribir este libro ha sido uno de los retos más grandes que he vivido. Un libro no se escribe de la noche a la mañana y definitivamente no es el resultado de un trabajo meramente individual. Detrás de un libro se esconden los rostros de muchas personas que directa o indirectamente contribuyen a esta gran empresa. Por ello quiero agradecer a todos aquellos que han sido parte de esta gran aventura.

En primer lugar, doy gracias a Dios por ser la fuente de toda gracia, a ti Señor te puedo agradecer sólo con la entrega constante de mi vida como ofrenda.

En segundo lugar, agradezco mucho a mi familia por su apoyo y sus constantes motivaciones para que no renunciara a este proyecto. También agradezco infinitamente a mis amigos quienes han sido la fuente de inspiración para este libro.

Agradezco de una manera particular a Cristian Gutiérrez, quien desde el inicio se comprometió con este proyecto. Sin su ayuda y entrega este libro no existiría. Agradezco también a Alberto Carrara, Ramón Lucas Lucas y Benjamín Clariond mis profesores, amigos y hermanos, quienes contribuyeron en mi formación y edición de este libro.

Quiero agradecer también a Chelina García por su colaboración con el diseño del libro. Gracias por tu paciencia ante mis muchas exigencias. Un agradecimiento especial para Katia Hernández, quien no solamente me ayudó con sus comentarios e ideas, sino que también me estuvo motivando para que terminara este proyecto. Gracias por tu amistad y apoyo.

Gracias a todos los que me ayudaron con la edición del libro, tomándose el tiempo de leer y hacerme comentarios. Agradezco de manera especial a mis hermanos legionarios Jesús Talavera, Alejandro Mora, Javier Castellanos, Jaime Plasencia, Elton Mariano y Moisés Becerra. Agradezco también a mis amigos y primos: Verónica Martínez, Alejandro Tejeda, Emanuel Tejeda, que se tomaron el tiempo de leer y contribuir con sus comentarios.

Agradezco también al Movimiento Regnum Christi y a la Legión de Cristo, mi familia religiosa, por la formación que me ha dado en estos años de consagración, que este libro sea una pequeña muestra de agradecimiento a ella.

Gracias a todos aquellos que de una manera grande o pequeña han contribuido con este proyecto. Detrás de este libro hay una infinidad de rostros que han sido parte de mi vida y que han servido de inspiración. ¡A todos ustedes gracias, muchas gracias!

Referencias capítulo I

1 Lucas, R. (2010). *Horizonte Vertical: Sentido y significado de la persona humana.* Madrid: Biblioteca de Autores Cristianos.

2 Cfr. Lucas, R. (1999). *El Hombre, Espíritu Encarnado: Compendio de filosofía del hombre.* Salamanca: Sígueme.

3 Cfr. Ibid, p. 311.

4 Para profundizar este tema puedes consultar el libro "Yo-tú", de Martin Buber.

5 Para profundizar este tema puedes consultar el libro "Las etapas de la vida", de Romano Guardini.

6 Munilla, J.I. (2015). *Sexo con alma y cuerpo.* Madrid: Freshbook. P. 32.

7 Sgreccia, E. (2015). *Manual de Bioética I: Fundamentos y ética biomédica.* Madrid: Biblioteca de Autores Cristianos. P. 489.

Referencias capítulo II

8 Wojtyla, K. (2009). *Amor y Responsabilidad.* Madrid: Palabra. P. 78.

9 Ibid, p. 77.

10 Ibid, p. 78.

11 Ibid, p. 78.

12 Cfr. Ibid, p. 78.

13 Scotto, R. (2001). *Le declinazioni dell'amore; sessualità e vita di coppia.* Roma: Città Nuova. P. 138. Traducción personal del texto original en italiano: «*A differenza degli istinti, quindi, le pulsioni sessuali non presentano più il carattere dell'obbligatorietà, ma quello della flessibilità*».

14 Cf. Freud, S. (1952). *New Introductory Lectures on Psycho-Analysis: Lecture 33 "The Psychology of Women (1932)".* Chicago: Great Books of the Western World, Encyclopaedia Britannica. P. 846.

15 Wojtyla, K. (2009). *Amor y Responsabilidad.* Madrid: Palabra. P. 79.

16 En palabras de Karol Wojtyla: «En el ser humano [su] comportamiento correcto respecto de los mismos fines está determinado por la razón que dirige a la voluntad. Por ello, esta actitud adquiere un valor moral, a partir del cual es buena o mala. Valiéndose del impulso sexual, el ser humano toma posición –correcta o incorrectamente- frente a los fines objetivos [...] que están ligados a este impulso [...] y por ello necesita asumir la plena responsabilidad del uso que hace de su impulsión sexual» (K. Wojtyla, Amor y Responsabilidad..., 79).

17 Wojtyla, K. (2009). *Amor y Responsabilidad.* Madrid: Palabra. P. 74.

18 Ibid, p. 75.

19 Ibid, p. 75.

20 Cfr. Merleau-Ponty, M. (1960). *Signes*. París: Gallimard. Pp. 287, 290. Trad.: (1973) *Signos.* Barcelona: Seix Barral.

21 Basado en los estudios presentados por Ramón Lucas Lucas en su libro "Horizonte Vertical".

22 Lucas, R. (2010). *Horizonte Vertical: Sentido y significado de la persona humana.* Madrid: Biblioteca de Autores Cristianos. P. 420.

23 Cfr. Ibid, p. 421.

24 Ibid, p. 421.

25 Ibid, 422.

26 Lucas, R. (1999). *El Hombre, Espíritu Encarnado: Compendio de filosofía del hombre.* Salamanca: Sígueme. P. 224.

27 Ibid, p. 225.

28 Ibid, p. 225.

29 Pérez-Soba Diez del Corral, J. J. (2008). *«El misterio de la sexualidad: entre la máscara del deseo y el rostro del amor», Mujer y varón: ¿misterio o autoconstrucción?* [1ª ed]. Madrid: CEU, Francisco de Vitoria, UCAM.

30 Wojtyla, K. (2009). *Persona y acto.* Madrid: Palabra. Pp. 233-234.

31 Wojtyla, K. (2009). *Amor y Responsabilidad.* Madrid: Palabra. P. 359.

Referencias capítulo III

32 Lucas, R. (1999). *El Hombre, Espíritu Encarnado: Compendio de filosofía del hombre*. Salamanca: Sígueme. P. 155.

33 Ibid.

34 Wojtyla, K. (2009). *Amor y Responsabilidad*. Madrid: Palabra. P. 175.

35 Virtudes morales: justicia, prudencia, fortaleza y templanza.

36 Cfr. Aquino, T. (1989). *Suma de Teología II. Parte II, (tratado sobre las virtudes)*. Madrid: Biblioteca de Autores Cristianos.

37 Wojtyla, K. (2009). *Amor y Responsabilidad*. Madrid: Palabra. P. 205.

38 Cfr. Lucas, R. (1999). *El Hombre, Espíritu Encarnado: Compendio de filosofía del hombre*. Salamanca: Sígueme. P. 206.

39 Wojtyla, K. (2009). *Amor y Responsabilidad*. Madrid: Palabra. P. 203.

40 Ibid, p. 207.

41 Ibid, p. 209.

42 Ibid, p. 215.

43 Dejaré de lado las cuestiones del pudor relacionado con la interioridad psíquica, para centrarme únicamente en el pudor relacionado al cuerpo, puesto que analizaremos únicamente el valor del pudor de cara a la relación sexual.

44 Wojtyla, K. (2009). *Amor y Responsabilidad*. Madrid: Palabra. P. 215.

45 Ibid, p. 219.

46 Profundizaremos sobre los elementos necesarios que deben constituir cada acto sexual en el capítulo quinto. Por ahora, basta con afirmar que cuando aquí hablamos de la relación sexual, se presupone una relación sexual conforme a estos elementos, a saber: cada acto sexual ha de ser un acto libre, total, fiel y fecundo. Elementos que de por sí solo pueden encontrarse de manera estable en el matrimonio.

47 Wojtyla, K. (2009). *Amor y Responsabilidad*. Madrid: Palabra. P. 222.

48 Ibid, p. 224.

49 Cfr. Lucas, R. (2010). *Horizonte Vertical: Sentido y significado de la persona humana*. Madrid: Biblioteca de Autores Cristianos. P. 408.

50 Cfr. Wojtyla, K. (2003). *El don del amor.* Madrid: Palabra. P. 222.

51 Ibid, p. 223.

52 Estos elementos serán desarrollados en el capítulo V.

53 Munilla, J.I. (2015). *Sexo con alma y cuerpo.* Madrid: Freshbook. P. 61.

54 Ibid.

55 Wojtyla, K. (2003). *El don del amor.* Madrid: Palabra. P. 224.

56 Ef 5, 22-23.

57 San Juan Pablo II. (2010). *Hombre y Mujer los creó.* Madrid: Ediciones Cristiandad, P. 415.

58 Ibid, p. 424.

59 Ibid, p. 405.

Referencias capítulo IV

60 En este apartado seguimos el pensamiento del filósofo Robert Spaemann sobre la finalidad y la ética.

61 Distinción hecha por Dominic Farrell, estudioso de la tradición Aristotélica-tomista y profesor ordinario de Ética General en el APRA.

62 San Juan Pablo II. *Carta a las familias.* P. 12.

63 Cf. Scotto, R. *Le declinazioni dell´amore.* P. 72.

64 Schu, W. J. *La sexualidad en el amor.* P. 130.

65 Pablo VI. *Humanae Vitae.* P. 14.

66 Schu, W. J. *La sexualidad en el amor.* P. 151.

67 *Familiaris Consortio.* P. 32.

68 Schu, W. J. *La sexualidad en el amor.* P. 151.

69 Disponible en línea: www.mkghandi.org./momghandi/chp59.htm, citado como (H,17-4-1937. P. 84).

70 Pablo VI. *Humanae Vitae.* P. 12.

71 *Carta a las familias*. P. 11.

72 Ibid, p. 10.

73 A continuación, cito de manera completa la investigación que el P. Walter Schu hizo en su libro "La sexualidad en el amor" sobre el ciclo de fertilidad en la mujer:

«A finales de la década de 1920 y principios de 1930 se descubrieron las dos hormonas femeninas, la progesterona y el estrógeno, esenciales para la reproducción. Gradualmente se llegó a comprender el proceso del ciclo menstrual y los efectos de las hormonas sobre el mismo. A continuación, se ofrece una explicación algo simplificada del ciclo menstrual.

Poco después de la menstruación, la glándula pituitaria segrega la hormona folículo estimulante. Dicha hormona estimula el desarrollo de un folículo ovárico y del óvulo que contiene. A la vez el folículo segrega el estrógeno. El aumento del nivel de estrógeno produce varios efectos. El forro interior del útero (el endometrio) crece, llegando a ser apto para que el óvulo fertilizado se implante. El cuello del útero segrega mucosidades, las cuales cambian de características a medida que aumenta el nivel de estrógeno. También puede descender ligeramente la temperatura corporal.

Cuando el nivel de estrógeno alcanza su concentración máxima, ocasiona que la glándula pituitaria segregue la hormona luteinizante. El aumento de la hormona luteinizante estimula al folículo ovárico a soltar el óvulo en la ovulación. Después de soltar el óvulo, el folículo se vuelve amarillo y llega a ser conocido como el cuerpo lúteo (cuerpo amarillo). Éste asume una nueva función: segregar la segunda hormona femenina, la progesterona y estrógenos.

La progesterona tiene varios efectos sobre el ciclo de la fertilidad. En primer lugar, mantiene el endometrio grueso con amplio suministro de sangre. En segundo lugar, la vulva se hincha, y esto es un indicador natural de la ovulación. En tercer lugar, ocasiona que se espesen las mucosidades del cuello del útero. Finalmente, la temperatura corporal de la mujer sube debido al nivel elevado de la progesterona y después de unas dos semanas, si no ocurre la fertilización del óvulo, el cuerpo lúteo deja de segregar la progesterona y estrógenos. Esto ocasiona que el endometrio se elimine a través de la menstruación, que la glándula pituitaria envíe la hormona folículo estimulante de nuevo, y el ciclo comience una vez más.

Si el óvulo es fertilizado después de la ovulación, aproximadamente en una semana el embrión se implanta en el endometrio. Poco después, la placenta del niño recién concebido empieza a segregar la hormona llamada luteotropa. Esta hormona comunica al cuerpo lúteo la orden de que continúe segregando la progesterona hasta que la placenta del bebé empiece a segregarla. El nivel elevado continuo de la progesterona mantiene al endometrio para apoyar la nueva vida, a la vez que continúa suprimiendo la ovulación.

Después de la ovulación, el óvulo tiene una vida de solo unas 8 a 24 horas durante la cual puede ser fertilizado. Es posible que ocurra una segunda ovulación dentro de las 24 horas de la primera. Una segunda ovulación ocurre en el caso de los gemelos. La vida del espermatozoide dura entre tres y cinco días. Esto significa que solamente hay entre cinco y siete días dentro del ciclo de la mujer durante los cuales es fértil».

74 No me voy a detener en este libro a explicar cada uno de ellos. Para una explicación sobre los métodos naturales puedes consultar el libro "La sexualidad en el amor", del P. Walter Schu.

75 Schu, W. J. *La sexualidad en el amor*. P. 175.

Referencias capítulo V

76 Wojtyla, K. (2009). *Amor y Responsabilidad.* Madrid: Palabra. Pp. 164-165.

77 Mons. Munilla, J.I. (2015). *Sexo con alma y cuerpo.* Madrid: Freshbook. P. 124.

78 San Juan Pablo II, Mensaje a los jóvenes 22-feb-2004.

79 Cfr. Sgreccia, E. (2015). *Manual de Bioética I: Fundamentos y ética biomédica.* Madrid: Biblioteca de Autores Cristianos. P. 492.

80 San Juan Pablo II, *Carta a las familias*, p. 11.

81 Mons. Munilla, J.I. (2015). *Sexo con alma y cuerpo.* Madrid: Freshbook. P. 124.

82 Papa Francisco, Homilia 2 de junio del 2014 en Santa Marta.

83 J. Evert, C. Evert y B. Butler, *Teología del cuerpo para jóvenes*, p. 102

BIBLIOGRAFÍA

Libros

Arisóteles (2003). *Ética Nicomáquea*. Madrid: Gredos.

Buber, M. *Yo-tú*.

Evert, J. (2014). *Saint John Paul the Great: his five loves*. Lakewood, CO.: Totus Tuus.

Evert, C., Butler, B. (2011). *Teología del cuerpo para jóvenes*. Barcelona, España: Casals.

Guardini, R. (1997). *Las etapas de la vida*. Madrid: Palabra.

Juan Pablo II. (2010). *Hombre y Mujer los creó*. Madrid: Ediciones Cristiandad.

Lucas Lucas, R. (1999). *El Hombre, Espíritu Encarnado: Compendio de filosofía del hombre*. Salamanca: Sígueme.

Lucas Lucas, R. (2010) *Horizonte Vertical: Sentido y significado de la persona humana*. Madrid: Biblioteca de Autores Cristianos.

Munilla, J.I. (2015). *Sexo con alma y cuerpo*. Madrid: Freshbook.

Schu, W. (2015). *Matrimonio y familia*. México: Ser editorial.

Schu, W. (2017). *La sexualidad en el amor.* México: Ser editorial.

Scotto, R., (2001). *Le declinazioni dell'amore; sessualità e vita di coppia*. Roma: Città Nuova.

Sgreccia, E. (2015). *Manual de Bioética I: Fundamentos y ética biomédica*. Madrid: Biblioteca de Autores Cristianos.

Von Hildebrand, D. (1969). *La encíclica "humanae vitae" signo de contradicción*. Madrid: Ediciones Fax.

Wojtyla, K. (2003). *El don del amor.* Madrid: Palabra.

Wojtyla, K. (2009). *Amor y Responsabilidad*. Madrid: Palabra.

Wojtyla, K. (2009). *Persona y acto*. Madrid: Palabra.

Artículos

Conen, C.. (2017). *El fin matrimonial del bonum coniugum en el pensamiento de Karol Wojtyla / Juan Pablo II.* En Franciscanum 167, vol. lix (319-350). Bogotá, Colombia: Universidad de San Buenaventura (USB).

Pérez-Soba Diez del Corral, J. J.. (2008). *El misterio de la sexualidad: entre la máscara del deseo y el rostro del amor.* En AA. VV., Mujer y varón: ¿misterio o autoconstrucción? (59-104). Madrid: Universidad Francisco de Vitoria, CEU, Universidad Católica San Antonio.

Documentos pontificios

Juan Pablo II. Vaticano II. *Carta a las familias.* 2 de febrero de 1994. Obtenido de: http://w2.vatican.va/content/john-paul-ii/es/letters/1994/documents/hf_jp-ii_let_02021994_families.html

Juan Pablo II. Vaticano II. *Familiaris consortio.* 22 de noviembre de 1981. Obtenido de: http://w2.vatican.va/content/john-paul-ii/en/apost_exhortations/documents/hf_jp-ii_exh_19811122_familiaris-consortio.html

Pablo VI., Vaticano II. *Humanae Vitae.* 25 de julio de 1968. Obtenido de: http:/w2.vatican.va/content/paul-vi/en/encyclicals/documents/hf_p-vi_enc_25071968_humanae-vitae.html

Printed in Great Britain
by Amazon

48759613R00109